중국어번역포함

조성음악의 기초이론

—— 调性音乐的基础理论 ——

김예진 지음

하움출판사

본 저서는 2024학년도 추계예술대학교 특별연구비 지원에 따른 것입니다.

서문

    본 책은 서양음악의 가장 기초적인 이론을 학습하고 실습하기 위한 것으로, 저자가 20여 년간 학생들을 지도하며 학생들에게 가장 중요하게 가르쳐야 할 기초이론이라고 생각되는 부분들을 추려 엮은 것이다. 음악이론의 교육은 단계적이고 점진적인 과정의 연계 교육이 필수적이다. 이러한 과정에서 본 책은 서양음악 이론 교육의 첫 번째 단계를 위한 책으로 음악의 3요소, 리듬, 선율, 화성에 근간하여 크게 세 챕터로 구성된다.

    첫 번째 챕터는 리듬과 박자로 음표와 쉼표의 종류를 익히고, 박자의 개념을 공부한다. 두 번째 챕터에서는 음정, 음계와 조에 대한 내용을 학습한다. 먼저 음이름의 명칭과 음자리표를 공부하고 음정, 음계, 그리고 조표의 체계와 조 중심을 파악하는 방법을 알아본다. 세 번째 챕터는 화성 부분으로, 조성음악에서 사용되는 3화음과 7화음의 종류를 학습하고 기본위치와 전위의 로마숫자 표기법에 대해 공부한다.

    본 저서는 대학교 1학년 조성음악의 기초이론 수업이나 서양음악 이론을 처음 공부하고자 하는 이들에게 적합할 것이다. 본 책을 통해 조성음악 분석을 위한 기초이론을 명확하게 이해할 수 있을 것이며, 다양한 실습 문제들을 통해 조성음악 분석을 위한 기본 역량을 함양할 수 있을 것으로 기대한다.

　본 저서는 추계예술대학교 특별연구비 지원에 따라 국제학부로 유학을 온 중국 학생들을 위해 중국어 번역을 추가하였다. 본 저서가 추계예술대학교 국제학부 학생들뿐만 아니라 한국으로 유학 온 많은 중국 학생들에게 보다 효과적으로 음악의 기초이론 학습하고 실습하는데 유용하게 사용되길 희망한다.

　이 책이 나올 수 있었음은 저자의 수업을 거쳐 간 많은 학생들이 있었기에 가능했다. 20여 년 동안 학생들에게 음악을 진심으로 가르칠 수 있었음에 감사하며, 앞으로도 식지 않는 열정으로 음악을 바르게 가르칠 것을 다짐한다. 끝으로 이 책의 출판을 위해 많은 도움을 주신 추계예술대학교와 하림 출판사, 그리고 늘 뒤에서 힘이 되어 준 가족에게 감사와 사랑의 마음을 전한다.

2024년 12월

김예진

목 차
目录

I 리듬과 박자

节奏与节拍

I. 리듬과 박자

节奏与节拍

음악에서는 리듬을 통해 **연주의 길이를 표기**하고, **박자**를 통해 **액센트의 패턴을 내포**한다.

在音乐中，通过节奏标记演奏的时长，并通过节拍内含重音的模式。

1. 음표 音符

음표 音符	이름 名称	길이 时值	
o	온음표 全音符	♩ + ♩ + ♩ + ♩	4
♩	2분음표 二分音符	♩ + ♩	2
♩	4분음표 四分音符	♪ + ♪	1
♪	8분음표 八分音符	♪ + ♪	1/2
♪	16분음표 十六分音符	♪ + ♪	1/4
♪	32분음표 三十二分音符	♪	1/8

<연습1-1>

다음의 빈칸에 들어갈 음표를 그리시오.

请在以下空格中填写适当的音符。

♪ + ♪ + ♩ + ♪ + ♪ + ♪ + ♪ + ♪ + ♪ = (　　　)

점음표는 '원음표+원음표의 1/2' 길이의 음표이다.

附点音符是"原音符+原音符的一半"时值的音符。

음표 音符	이름 名称	길이 时值	
𝅗𝅥.	점2분음표 附点二分音符	𝅗𝅥 + ♩	3
♩.	점4분음표 附点四分音符	♩ + ♪	1+1/2
♪.	점8분음표 附点八分音符	♪ + ♬	1/2+1/4

<연습1-2>

다음의 빈칸에 들어갈 음표를 그리시오.

请在以下空格中填写适当的音符。

① 𝅗𝅥 + ♩ = (　　) 　　② ♩ + ♩ + ♩ = (　　)

③ ♩ + ♪ = (　　) 　　④ ♪ + ♪ + ♪ = (　　)

⑤ ♪ + ♬ = (　　) 　　⑥ ♪ + ♬ + ♬ = (　　)

⑦ ♩. = (　　) + (　　) 　　⑧ ♪. = (　　) + (　　)

⑨ 𝅗𝅥. = (　　) + (　　)

겹점음표는 '원음표+원음표의 1/2+원음표의 1/4' 길이의 음표이다.

双附点音符是"原音符+原音符的一半+原音符的四分之一"时值的音符。

음표 音符	이름 名称	길이 时值	
♩..	겹점2분음표 双附点二分音符	♩ + ♩ + ♪	2+1+1/2
♩..	겹점4분음표 双附点四分音符	♩ + ♪ + ♪	1+1/2+1/4

<연습1-3>

다음의 빈칸에 들어갈 음표를 그리시오.

请在以下空格中填写适当的音符。

① ♪ + ♪ + ♪ = (　　　)

② ♪.. = (　　) + (　　) + (　　)

③ ♩... = (　　) + (　　) + (　　) + (　　)

④ ♩... = (　　) + (　　) + (　　) + (　　)

잇단음표는 2배수 분할이 아닌, 3분할, 5분할, 6분할, 7분할 등으로 분할된 음표이다.

连音符不是两倍数分割，而是以三等分、五等分、六等分、七等分等分割的音符。

음표 音符	셋잇단음표 三连音	다섯잇단음표 五连音	여섯잇단음표 六连音	일곱잇단음표 七连音
𝅝	3	5	6	7
𝅗𝅥	3	5	6	7
♩	3	5	6	7
♪	3	5	6	7

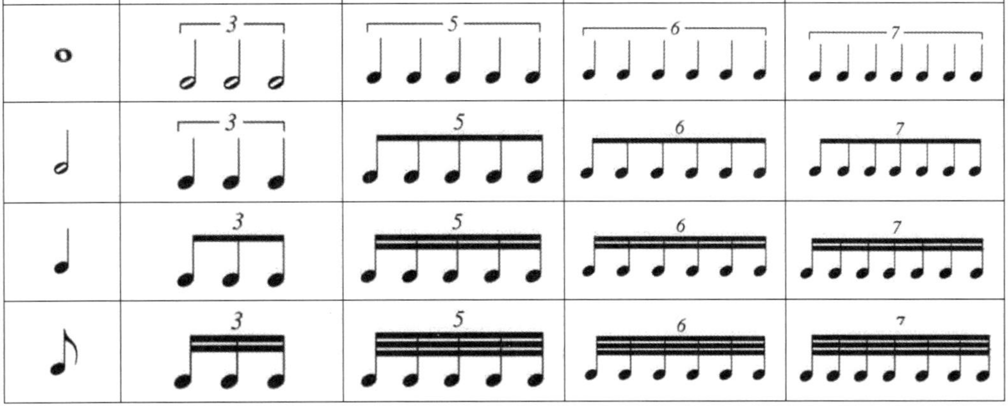

<연습1-4>

다음의 빈칸에 들어갈 음표를 그리시오.

请在以下空格中填写适当的音符。

① 𝅝 = ⌐___3___⌐   ② ♪♪♪(3) = (　　)

③ (6) = (　　)   ④ 𝅗𝅥 = ⌐___3___⌐

점음표의 잇단음표는 3배수 분할이 아닌, 2분할, 4분할, 5분할, 7분할 등으로 분할된 음표이다.

附点音符的连音符并非是三倍数分割，而是以二等分、四等分、五等分、七等分等分割的音符。

음표 音符	두잇단음표 二连音	넷잇단음표 四连音	다섯잇단음표 五连音	일곱잇단음표 七连音
 ♩.	 또는	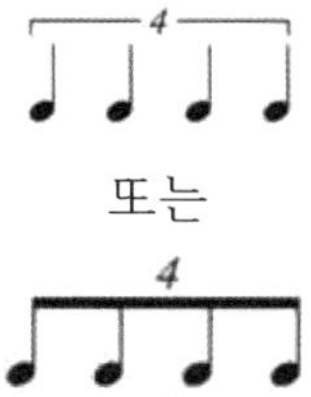 또는	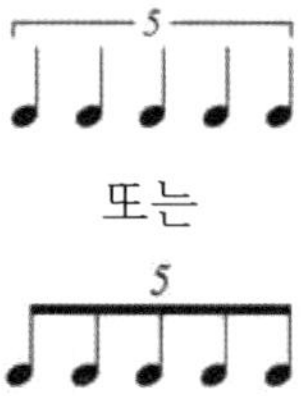 또는	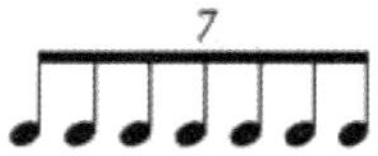
 ♪.	 또는	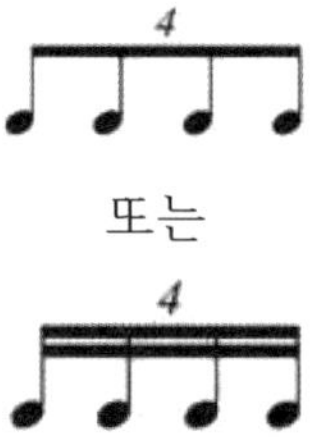 또는	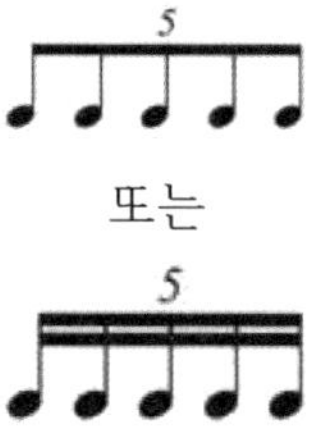 또는	

<연습1-5>

다음의 빈칸에 들어갈 음표를 그리시오.

请在以下空格中填写适当的音符。

① ♩. = ⌐2⌐  또는 ⌐2⌐

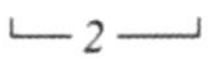

② = (   ) 또는 (   )

2. 쉼표 休止符

쉼표 休止符	이름 名称	길이 时值
▬	온쉼표 全休止符	4
▬	2분쉼표 二分休止符	2
𝄽	4분쉼표 四分休止符	1
𝄾	8분쉼표 八分休止符	1/2
𝄿	16분쉼표 十六分休止符	1/4
𝅀	32분쉼표 三十二分休止符	1/8

<연습1-6>

다음의 빈칸에 들어갈 쉼표를 그리시오.

请在以下空格中填写适当的休止符。

① 𝄾 + 𝄾 = (　　　)　　　　② 𝄽 + 𝄽 = (　　　)

③ ▬ = (　　　) + (　　　)　　　　④ 𝄾 = (　　　) + (　　　)

⑤ ▬ = (　　　) + (　　　) + (　　　) + (　　　)

⑥ 𝄽 = (　　　) + (　　　) + (　　　) + (　　　)

점쉼표는 '원쉼표+원쉼표의 1/2' 길이의 쉼표이다.

附点休止符是"原休止符 ＋ 原休止符的一半"时值的休止符。

쉼표 休止符	이름 名称	길이 时值
	점2분쉼표 附点二分休止符	2+1
	점4분쉼표 附点四分休止符	1+1/2
	점8분쉼표 附点八分休止符	1/2+1/4

<연습1-7>

다음의 빈칸에 들어갈 쉼표를 그리시오.

请在以下空格中填写适当的休止符。

①   = (   ) + (   )

②   = (   ) + (   ) + (   )

③   = (   ) + (   )

겹점쉼표는 '원쉼표+원쉼표의 1/2+원쉼표의 1/4' 길이의 쉼표이다.

双附点休止符是"全休止符 ＋ 全休止符的一半 ＋ 全休止符的四分之一"时值的休止符。

쉼표 休止符	이름 名称	길이 时值
	겹점2분쉼표 双附点二分休止符	2+1+1/2
	겹점4분쉼표 双附点四分休止符	1+1/2+1/4

<연습1-8>

다음의 빈칸에 들어갈 쉼표를 그리시오.

请在以下空格中填写适当的休止符。

① ▬·· = (   ) + (   ) + (   )

② ∤·· = (   ) + (   ) + (   )

3. 박자 节拍

박자란 음악에서 시간의 흐름을 일정하게 나누는 단위를 말한다. 박자는 강세와 약세가 규칙적으로 반복되며, 이를 통해 음악의 리듬과 구조를 형성한다. 박자는 음악의 흐름을 이해하고 연주를 정확히 하기 위해 매우 중요한 요소이다.

节拍是指在音乐中将时间的流动均匀划分的单位。节拍有规律地重复强拍与弱拍，通过这种方式形成音乐的节奏和结构。节拍是理解音乐的流向并准确演奏的非常重要的要素。

박자표 节拍表	강약 패턴 强弱模式
$\frac{2}{4}$	강 약 강 약 강 약
$\frac{3}{4}$	강 약 약 강 약 약 강 약 약
$\frac{4}{4}$	강 약 중 약 강 약 중 약

	2박자 계열 二拍子系列	3박자 계열 三拍子系列	4박자 계열 四拍子系列
홑박자 单拍子	2/8. 2/4, 2/2	3/8, 3/4, 3/2	4/8. 4/4, 4/2
겹박자 复拍子	6/8, 6/4, 6/2	9/8, 9/4, 9/2	12/8, 12/4, 12/2
혼합박자 混合拍子	5/4 (2+3/4), 7/8 (3+4/8)		

1) **홑박자**는 2박자 계열, 3박자 계열, 4박자 계열로 구분될 수 있다.

   单拍子可以分为二拍子系列、三拍子系列和四拍子系列。

2) **겹박자**는 분자에 있는 숫자를 3으로 분할 가능한 박자를 말한다.

   复拍子是指分子的数字可以用'三'分割的节拍。

3) **혼합박자**는 겹박자가 아닌 홑박자의 다른 박자 계열이 혼합된 경우를 말한다.

   混合拍子不是指复拍子，而是指不同单拍子系列相互混合的情况。

<연습1-9>

다음의 박자를 2박자 계열, 3박자 계열, 4박자 계열로 분류하시오.

请将以下的拍子分类为二拍子系列、三拍子系列和四拍子系列。

$$\frac{9}{8} \quad \frac{2}{4} \quad \frac{4}{8} \quad \frac{3}{4} \quad \mathbb{C} \quad \frac{3}{2} \quad \frac{4}{4} \quad \mathrm{C} \quad \frac{6}{8} \quad \frac{12}{8}$$

① 2박자 계열:
两拍子系列

② 3박자 계열:
三拍子系列

③ 4박자 계열:
四拍子系列

실습문제

实习题

1. 괄호 안에 알맞은 숫자를 넣으시오.

请在括号内填写正确的数字。

① ♩ × (　) = 𝅝　　　　② ♩ × (　) = ♩

③ ♩ × (　) = 𝅝　　　　④ ♩ × (　) = ♩.

⑤ ♪ × (　) = ♩　　　　⑥ ♪ × (　) = ♩

⑦ ♪ × (　) = 𝅝　　　　⑧ ♪ × (　) = ♩.

⑨ ♪ × (　) = ♩.　　　　⑩ ♪ × (　) = ♩

⑪ ♬ × (　) = ♩.　　　　⑫ ♬ × (　) = ♪.

⑬ ♬ × (　) = 𝅝　　　　⑭ ♬ × (　) = ♩

⑮ ♬ × (　) = 𝅝　　　　⑯ ♬ × (　) = ♪.

⑰ ♪ × (　) = ♩　　　　⑱ ♬ × (　) = ♩

⑲ ♪ × (　) = ♪　　　　⑳ ♬ × (　) = ♪

2. 괄호 안에 알맞은 음표를 넣으시오.

请在括号内填写正确的音符。

① ♩ + ♩ = (　　　)　　　② ♪ + ♪ = (　　　)

③ ♩ + ♩ + ♩ = (　　　)　　　④ ♪ + ♪ + ♪ = (　　　)

⑤ ♩ + ♩ + ♩ + ♩ = (　　　)　　　⑥ ♪ + ♪ + ♪ + ♪ = (　　　)

⑦ ♩ + ♩ + ♩ + ♩ + ♩ + ♩ = (　　　)

⑧ ♪ + ♪ + ♪ + ♪ + ♪ + ♪ = (　　　)

⑨ 𝅗𝅥 + ♩ = (　　　)　　　⑩ ♩ + ♪ = (　　　)

⑪ ♩ + ♪ + ♪ = (　　　)　　　⑫ ♩ + ♪ + 𝅘𝅥𝅯 = (　　　)

⑬ ♪ + 𝅘𝅥𝅯 + 𝅘𝅥𝅯 = (　　　)　　　⑭ 𝅘𝅥𝅯 + 𝅘𝅥𝅰 = (　　　)

⑮ ♪ + 𝅘𝅥𝅯 + ♪ = (　　　)　　　⑯ ♪ + 𝅘𝅥𝅰 + 𝅘𝅥𝅯 = (　　　)

⑰ ♩ + ♪ + 𝅘𝅥𝅰 + 𝅘𝅥𝅰 = (　　　)

⑱ ♪ + 𝅘𝅥𝅰 + 𝅘𝅥𝅰 = (　　　)　　　⑲ ♩ + ♪ + 𝅘𝅥𝅰 + ♪ = (　　　)

3. 괄호 안에 알맞은 숫자를 넣으시오.

请在括号内填写正确的数字。

① ♪ × (　　) = ♪
② 𝄽 × (　　) = ♪
③ 𝄽 × (　　) = ♪.
④ 𝄽 × (　　) = ♪
⑤ 𝄽. × (　　) = ♪.
⑥ ♩ × (　　) = ♪
⑦ ♩ × (　　) = ♪.
⑧ ♩ × (　　) = ♪
⑨ ♩ × (　　) = 𝄽
⑩ ♩ × (　　) = 𝄽.
⑪ ♩ × (　　) = ♪
⑫ ♩ × (　　) = 𝄽
⑬ ♩ × (　　) = 𝄽.
⑭ ♩ × (　　) = ♪
⑮ ♩ × (　　) = ♪.
⑯ ♩ × (　　) = ♩.
⑰ ♩ × (　　) = ♩
⑱ ♩ × (　　) = ♪
⑲ ♩ × (　　) = ♪.
⑳ ♩ × (　　) = 𝄽.

㉑ 　♪　×　(　　　)　=　♪

㉒ 　♪　×　(　　　)　=　♪・

㉓ 　♪　×　(　　　)　=　♪

㉔ 　♪　×　(　　　)　=　♪・

㉕ 　♪　×　(　　　)　=　♪

4. 다음의 빈 칸에 들어갈 쉼표를 그리시오.

请在以下空格中填写休止符。

① 　♪　+　♪　=　(　　　)

② 　♪　+　♪　+　♪　=　(　　　)

③ 　♪　+　♪　+　♪　+　♪　=　(　　　)

④ 　♪　+　♪　+　♪　=　(　　　)

⑤ 　♪　+　♪　+　♪　+　♪　+　♪　+　♪　=　(　　　)

⑥ 　♪　+　♪　=　(　　　)

⑦ 　♪・　+　♪・　=　(　　　)

⑧ 　♪・　+　♪・　+　♪・　+　♪・　=　(　　　)

⑨ 𝄾 + 𝄾 + 𝄾 + 𝄾 + 𝄾 = (   )

⑩ 𝄾 + 𝄾 + 𝄾 = (   )   ⑪ 𝄾 + 𝄾 + 𝄾 = (   )

⑫ 𝄾 + 𝄾 + 𝄾 + 𝄾 = (   )   ⑬ 𝄾 + 𝄾 = (   )

⑭ 𝄾 + 𝄾 + 𝄾 + 𝄾 + 𝄾 + 𝄾 = (   )

⑮ 𝄽· + 𝄽· = (   )   ⑯ 𝄾 + 𝄾 + 𝄾 = (   )

⑰ 𝄾 + 𝄾 + 𝄾 + 𝄾 = (   )

⑱ 𝄾 + 𝄾 + 𝄾 + 𝄾 + 𝄾 + 𝄾 = (   )

⑲ 𝄾· + 𝄾· = (   )   ⑳ 𝄾· + 𝄾 + 𝄾 + 𝄾 = (   )

㉑ 𝄾 + 𝄾 + 𝄾 + 𝄾 = (   )   ㉒ 𝄾 + 𝄾 = (   )

㉓ 𝄾· + 𝄾 + 𝄾 + 𝄾 = (   )

㉔ 𝄾· + 𝄾· + 𝄾· + 𝄾· = (   )

㉕ 𝄾 + 𝄾 + 𝄾 + 𝄾 + 𝄾 + 𝄾 + 𝄾 + 𝄾 = (   )

5. 괄호 안에 알맞은 음표를 넣으시오.

请在括号内填写正确的音符。

6. 괄호 안에 알맞은 쉼표를 넣으시오.

请在括号内填写正确的休止符。

①

②

③

④

7. 다음의 빈칸에 알맞은 잇단음표를 넣으시오.

请在以下空格中填写正确的连音符。

음표 音符	두잇단음표 二连音	넷잇단음표 四连音	다섯잇단음표 五连音	일곱잇단음표 七连音
♩.	① ___________ ② ___________	① ___________ ② ___________	① ___________ ② ___________	
♩.	① ___________ ② ___________	① ___________ ② ___________	① ___________ ② ___________	

음표 音符	셋잇단음표 三连音	다섯잇단음표 五连音	여섯잇단음표 六连音	일곱잇단음표 七连音
𝅝				
𝅗𝅥				
♩				
♪				

8. 다음 곡에 알맞은 박자표를 넣으시오.

请为以下乐曲填写正确的拍号。

①

②

③

④

⑤

Rondo Allegretto Spiritoso
p
fz

⑥

Molto Adagio, sostenuto e cantabile.
cresc.
sf
sf
p
p
p

Ⅱ. 음정, 음계와 조

音程, 音阶, 调性

II. 음정, 음계와 조

音程, 音阶, 调性

1. 음이름과 음자리표

音名与谱号

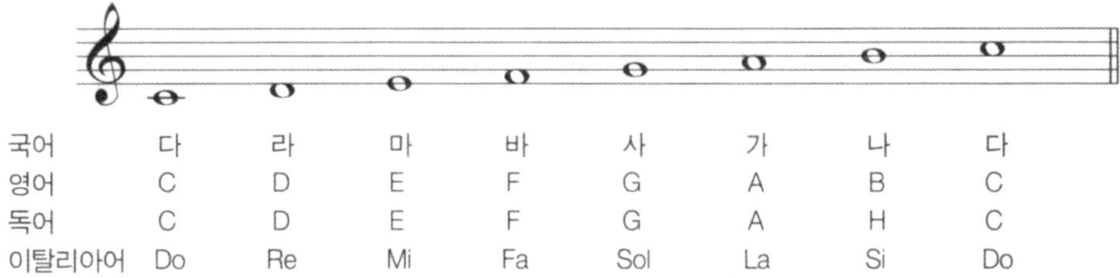

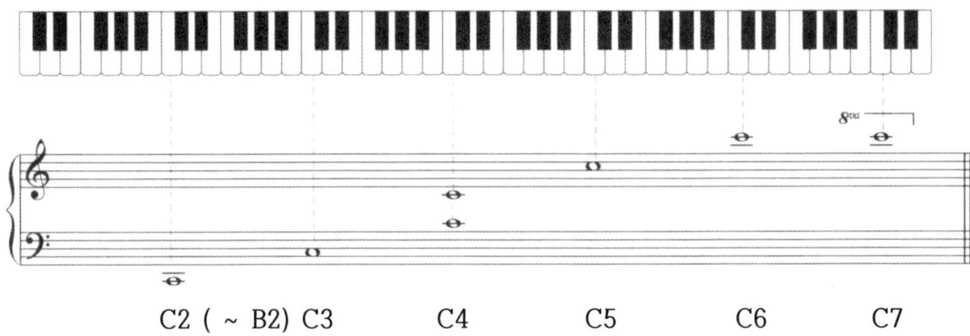

<연습2-1>

아래 제시된 음을 악보에 그리시오.

请将下面提供的音符画在乐谱上。

①

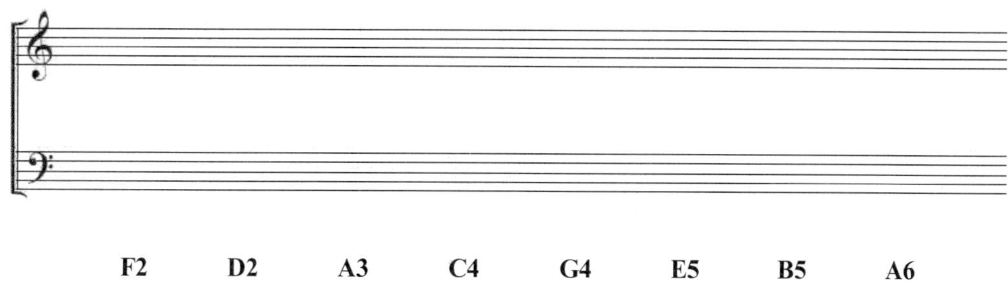

②

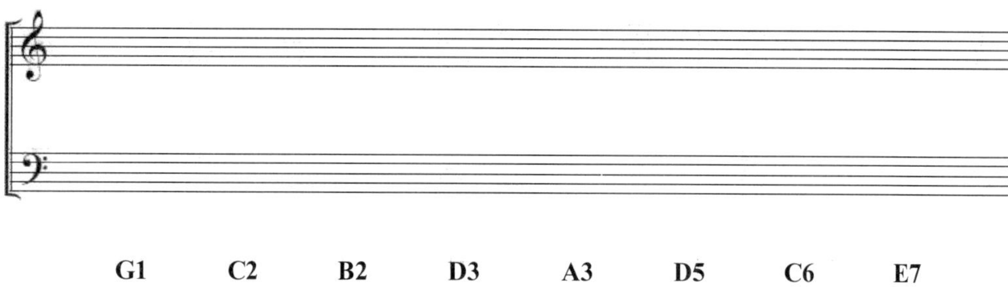

1) 높은음자리표 高音谱号

높은음자리표는 악보의 두 번째 선을 G음(솔)으로 지정하여 주로 고음역대의 악기와 성부를 나타내는 음자리표이다.

高音谱号是将乐谱的第二条线指定为G音(Sol)．主要用于表示高音域的乐器和声部的谱号。

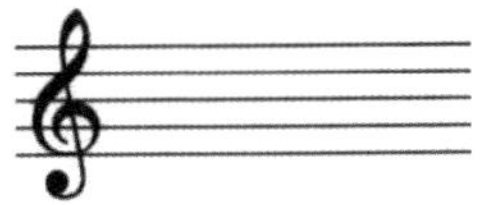

2) 낮은음자리표 低音谱号

낮은음자리표는 악보의 네 번째 선을 F음(파)으로 지정하여 주로 저음역대의 악기와 성부를 나타내는 음자리표이다.

低音谱号是将乐谱的第四条线指定为F音(Fa),主要用于表示低音域的乐器和声部的谱号。

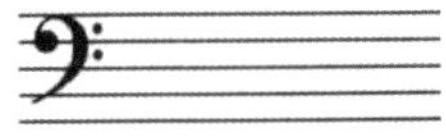

3) 가온음자리표 中音谱号

가온 다 中央C

가온음자리표는 보표의 중간선을 가온 다(C4)로 지정하여 중음역대의 악기와 성부에서 과도한 덧줄 사용 없이 기보하기 위한 음자리표이다. 이를 통해 악보를 더 읽기 쉽고, 특정 악기나 성부에 적합한 음역을 표현할 수 있다.

中音谱号是将五线谱的中间线指定为中央C（C4），在中音域的乐器和声部中，为了不过度使用加线而记谱的谱号。以此可以更加容易地阅读乐谱，并表现适合特定乐器或声部的音域。

소프라노 보표	알토 보표	테너 보표
女高音谱	中音谱表	男高音谱表

<연습2-2>

1. 오선지에 소프라노 보표를 그리고 아래에 제시된 음을 그리시오.

    请在五线谱上画出女高音谱表，并将下面提供的音符写上去。

B3	D4	E4	C4	B4	A4	D5

2. 오선지에 알토 보표를 그리고 아래에 제시된 음을 그리시오.

    请在五线谱上画出中音谱表，并将下面提供的音符写上去。

C4	A3	G3	D4	E4	F4	G4

3. 오선지에 테너 보표를 그리고 아래에 제시된 음을 그리시오.

    请在五线谱上画出男高音谱表，并将下面提供的音符写上去。

C4	B3	A3	F3	D3	C3	E4

2. 음정 音程

음정이란 두 음 사이의 거리를 의미하며, 음들의 간격을 반음과 온음으로 측정하여 성질과 크기로 나타낸다.

音程是指两个音之间的距离．通过以半音和全音来测量音的间隔．并以性质和大小来表示。

1) 음정 크기 音程大小

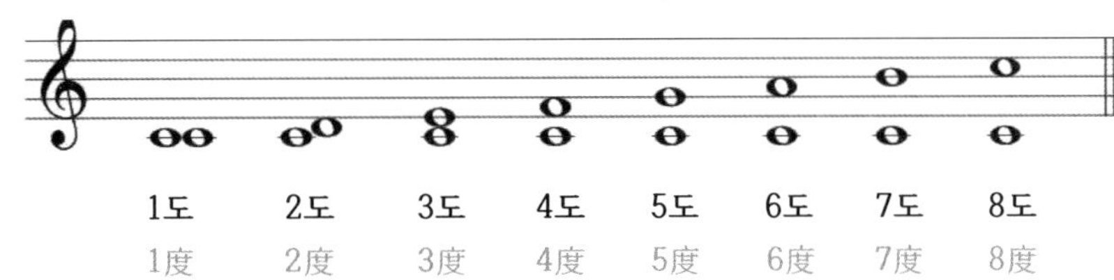

<연습2-3>

다음의 음정 크기를 구하시오.

请计算以下音程的大小。

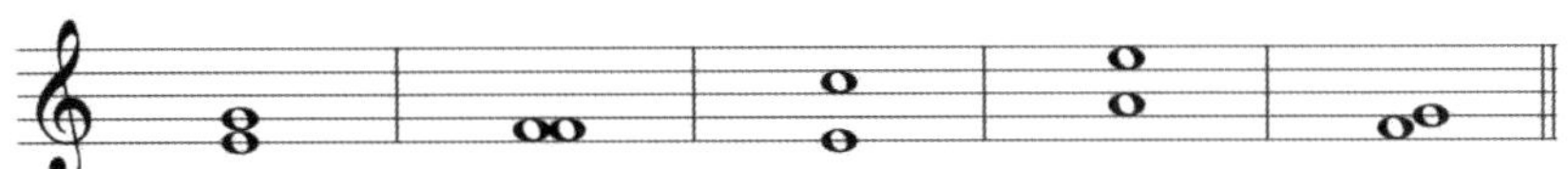

'도'를 기준으로 음정의 성질은 다음과 같다.

以"Do"为基准，音程的性质如下

(1) 완전 : 1도, 4도, 5도, 8도　　　纯 : 一度，四度，五度，八度

(2) 장 : 2도, 3도, 6도, 7도　　　　大 : 二度，三度，六度，七度

음정은 반음이 늘어나거나 줄어들며 그 성질이 바뀐다.

音程随着半音的增加或减少，其性质会发生变化。

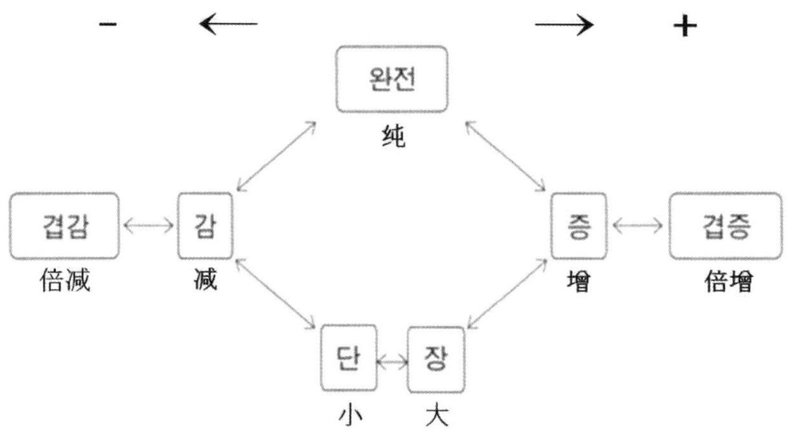

2) 음정 계산 방법 音程计算方法

(1) 음정의 도수를 계산한다.

计算音程的度数

(2) 완전 음정과 장음정의 기준에서 반음의 개수로 성질을 파악한다.

以纯音程和大音程为基准，通过半音的数量来判断性质。

(3) 임시표를 적용하여 성질을 다시 확인한다.

应用临时记号后重新确认性质。

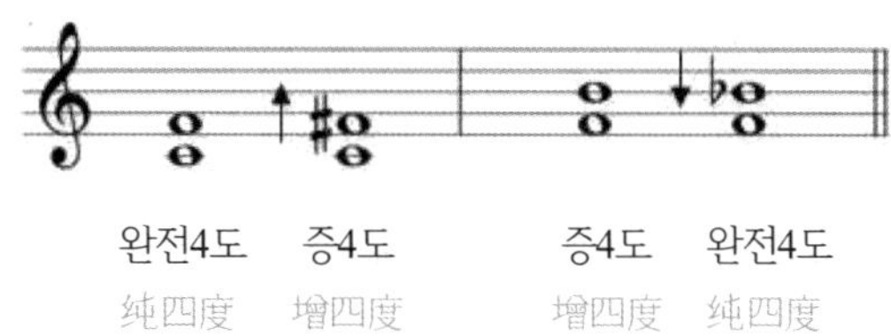

<연습2-4>

1. 다음의 음정을 구하시오.

请计算以下的音程。

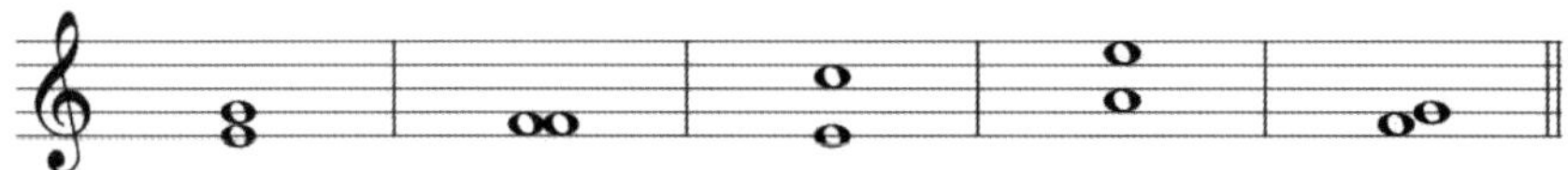

2. 다음의 음정을 구하시오.

请计算以下的音程。

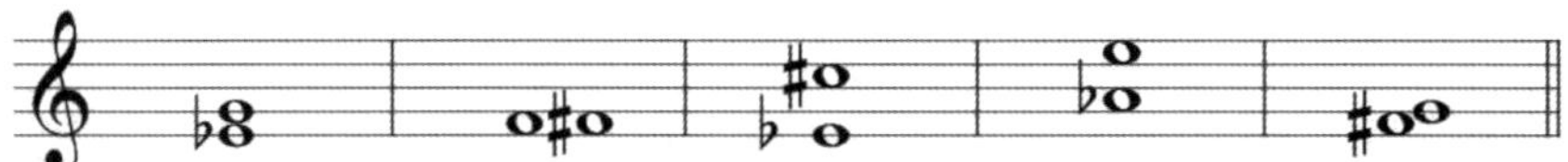

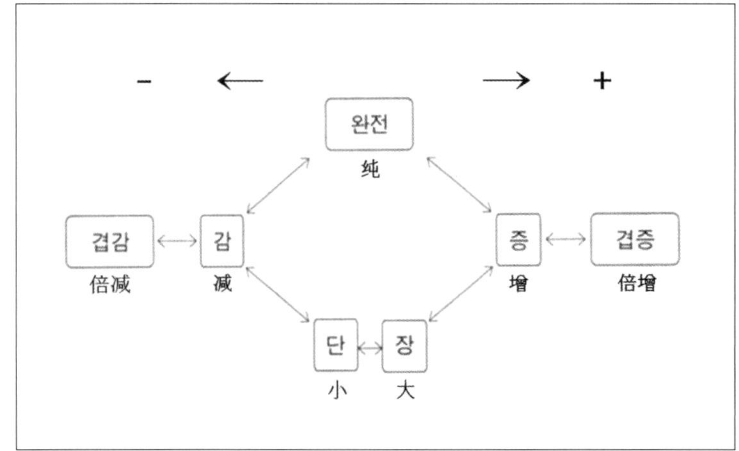

3) 단순 음정과 복합 음정 单音程和复音程

(1) 단순 음정: 옥타브 이내의 음정

单音程: 在一个八度以内的音程

(2) 복합 음정: 옥타브를 초과하는 음정

复音程: 超过一个八度的音程

<연습2-5>

다음 음정을 구하시오.

请计算以下的音程。

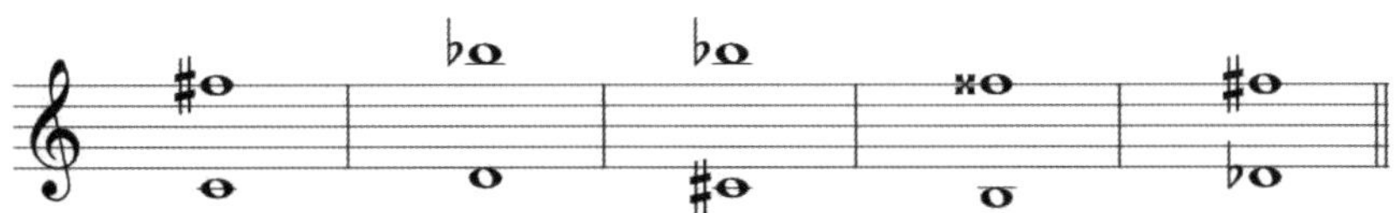

4) 자리바꿈 음정 转位音程

자리바꿈 음정은 두 음의 위, 아래 순서를 바꾼 음정을 의미한다.

转位音程是指改变两个音上下顺序的音程。

(1) 자리바꿈 음정의 계산 방법

转位音程的计算方法

① 음정 도수: 9 − 원 음정 도수

音程度数 : 9 − 原音程度数

② 성질 변화: 완전↔완전, 장↔단, 증↔감

性质变化 : 纯↔纯 . 大↔小 . 增↔减

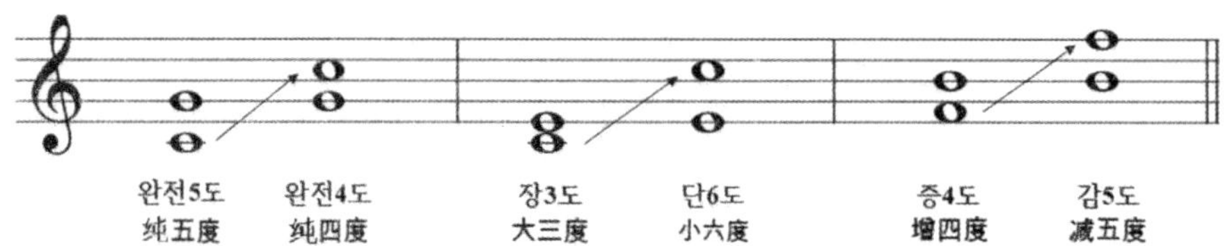

<연습2-6>

다음 음정의 자리바꿈 음정(전위 음정)을 구하시오.

请计算以下音程的转位音程。

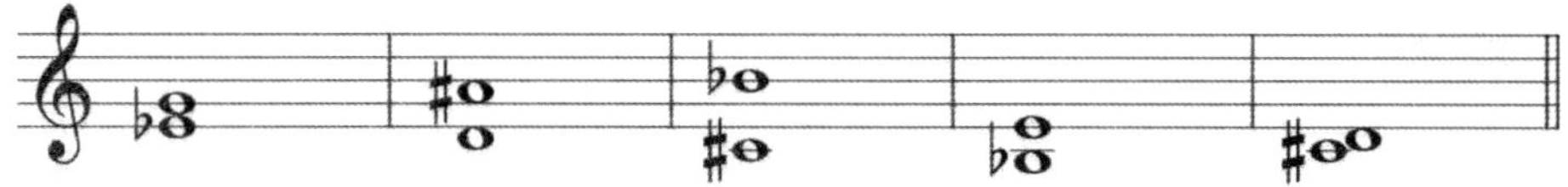

5) 협화 음정과 불협화 음정 协和音程和不协和音程

음악에서 **협화** 음정과 **불협화** 음정은 두 음이 동시에 울릴 때 느껴지는 조화의 정도를 나타내는 개념이다.

在音乐中，协和音程和不协和音程是指两个音同时发声时所感受到的和谐程度的概念。

구분 分类		음정 종류 音程种类
협화 协和	완전 협화 完全协和	완전1도, 완전4도, 완전5도, 완전8도 纯一度, 纯四度, 纯五度, 纯八度
	불완전 협화 不完全协和	장·단 3·6도 大三度, 小三度, 大六度, 小六度
불협화 不协和		장·단 2·7도, 모든 증·감 음정 大二度, 小二度, 大七度, 小七度, 所有增音程和减音程

<연습2-7>

다음 음정들을 아래의 칸에 적절하게 넣으시오.

请将以下音程适当地填写到下面的空格中。

완전1도, 완전4도, 증4도, 완전5도, 감5도, 완전8도, 장3도, 단6도, 장2도, 단7도
纯一度, 纯四度, 增四度, 纯五度, 减五度, 纯八度, 大三度, 小六度, 大二度, 小七度

완전 협화 完全协和	불완전 협화 不完全协和	불협화 不协和

3. 음계 音阶

음계란 음악에서 사용되는 음의 체계를 말하며, 특정 규칙에 따라 배열된 음들의 집합이다. 음계는 음악의 기본 구조를 형성하며, 선율과 화성의 기초가 된다.

音阶是指音乐中使用的音的体系，是按照特定规则排列的音的集合。音阶构成了音乐的基本结构，是旋律和和声的基础。

1) 음의 순서 音的顺序

음계는 중심음을 기준으로 낮은 음에서 높은 음으로 순차로 배열되며, 각 음은 '**음도**'라고 칭한다.

音阶以中心音为基准，从低音到高音依次排列，每个音称为"音度"。

예: 도(C), 레(D), 미(E), 파(F), 솔(G), 라(A), 시(B)

例：C(do), D(re), E(mi), F(fa), G(sol), A(la), B(si)

각 음도의 이름은 다음과 같다.

各音度的名称如下。

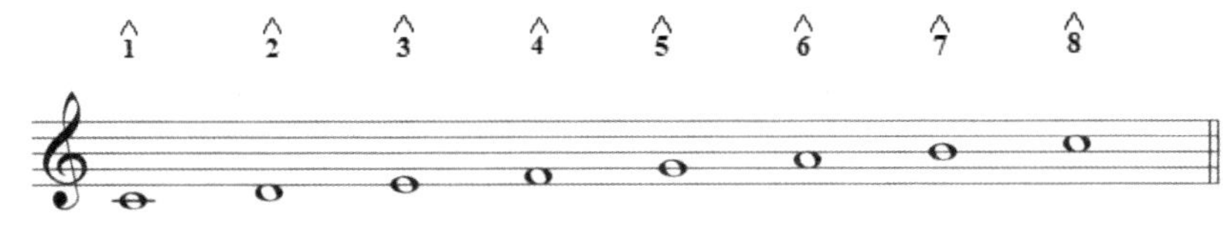

2) 음계 종류 音阶种类

(1) 장음계: '온음-온음-반음-온음-온음-온음-반음' 배열 음계

($\hat{3}$-$\hat{4}$와 $\hat{7}$-$\hat{8}$ 사이 반음)

大调音阶: 以"全音-全音-半音-全音-全音-全音-半音"排列的音阶

($\hat{3}$-$\hat{4}$和$\hat{7}$-$\hat{8}$之间为半音)

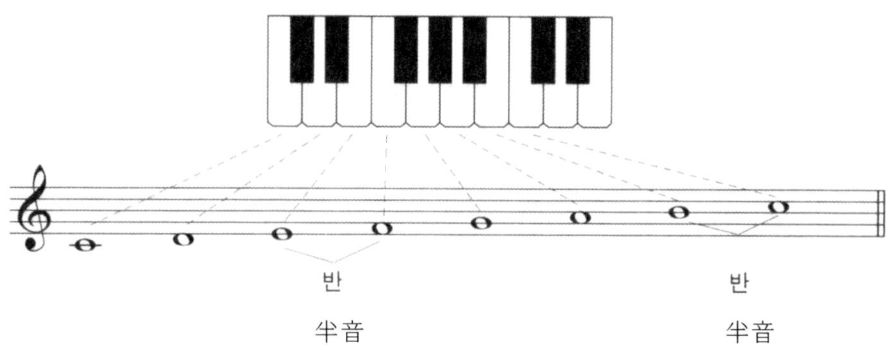

<연습2-8>

1. 다음 음을 으뜸음으로 장음계를 만드시오.

请以以下音为主音构建大调音阶。

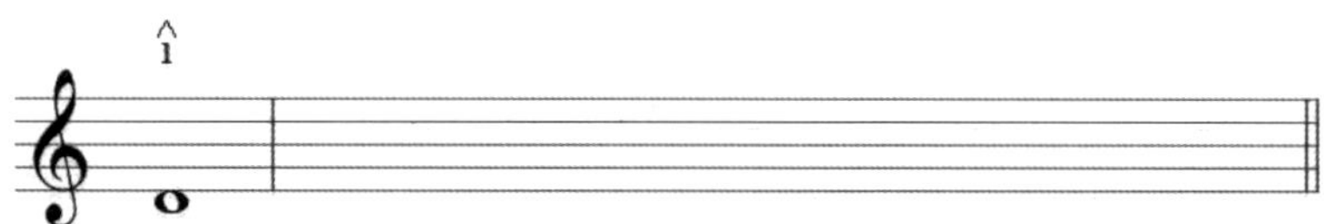

2. 다음 음을 버금딸림음으로 장음계를 만드시오.

请以以下音为下属音构建大调音阶。

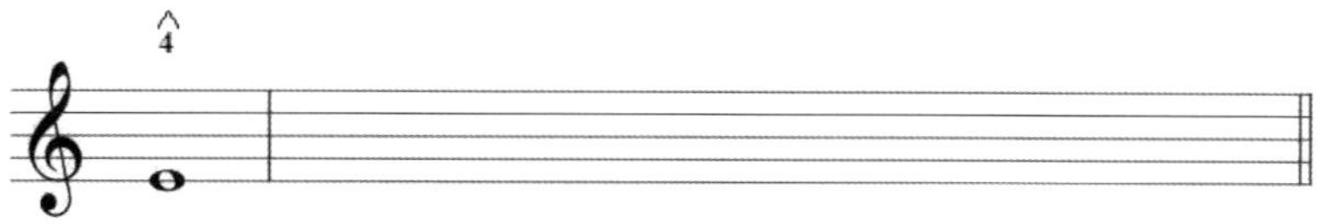

3. 다음 음을 딸림음으로 장음계를 만드시오.

请以以下音为属音构建大调音阶。

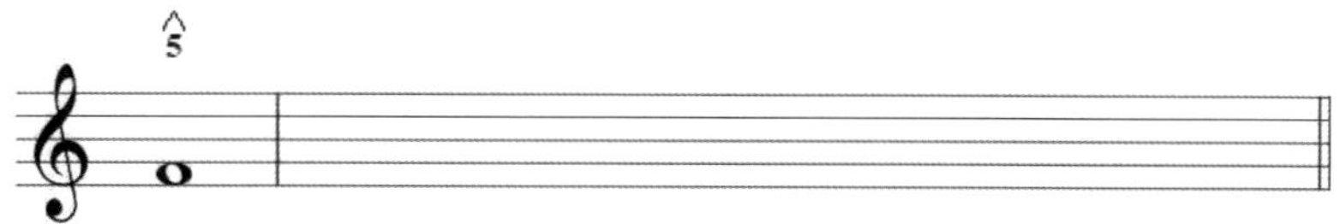

(2) 단음계: 자연단음계, 화성단음계, 선율단음계로 구성된다.

小调音阶: 由自然小调、和声小调、旋律小调组成

① **자연단음계:** 온음-반음-온음-온음-반음-온음-온음 배열

自然小调: "全音-半音-全音-全音-半音-全音-全音"排列

② **화성단음계**: '온음-반음-온음-온음-반음-증2도-반음'의 배열

('자연단음계'에서 7̂에 # 붙임)

和声小调：'全音-半音-全音-全音-半音-增二度-半音'的排列

(在"自然小调"中七级音加上升号(#))

③ **선율단음계**: '온음-반음-온음-온음-온음-온음-반음'의 배열

('화성단음계'에서 6̂에 # 붙임)

旋律小调：'全音-半音-全音-全音-全音-全音-半音'的排列

(在"和声小调"中六级音加上升号(#))

<연습2-9>

1. 다음 음을 으뜸음으로 자연단음계를 만드시오.

请以以下音为主音构建自然小调音阶。

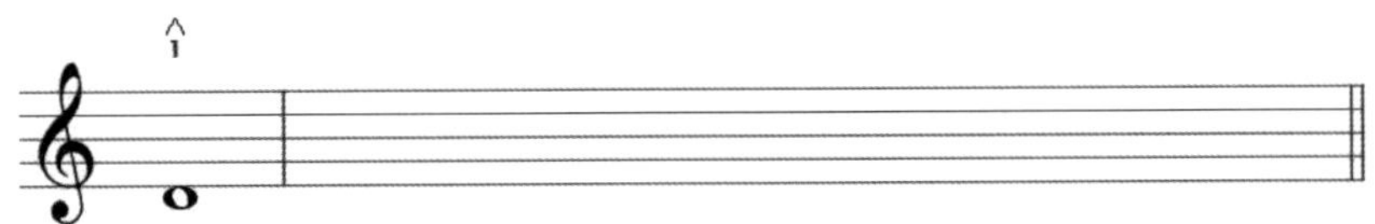

2. 다음 음을 으뜸음으로 화성단음계를 만드시오.

请以以下音为主音构建和声小调音阶。

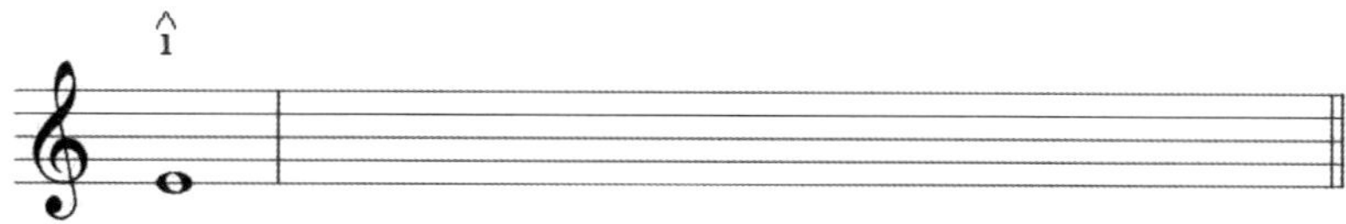

3. 다음 음을 으뜸음으로 선율단음계를 만드시오.

请以以下音为主音构建旋律小调音阶。

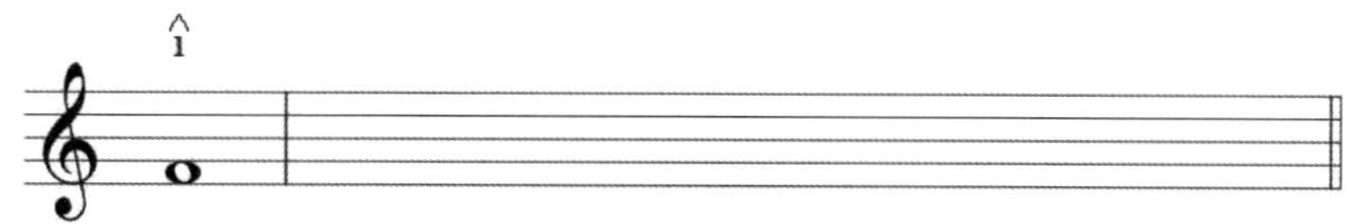

(3) 그밖의 음계 其他音阶

① **5음음계:** 5개의 음으로 이루어진 음계. (예: 전통 음악)

   五声音阶: 由五个音构成的音阶 (如：传统音乐)

② **옥타토닉음계:** 8개의 음으로 이루어진 음계.

   (온음-반음-온음-반음-온음-반음-온음-반음 혹은 반음-온음-반음-온음-반음-온음-반음-온음 배열)

   八音音阶：由八个音组成的音阶。

   (全音-半音-全音-半音-全音-半音-全音-半音 或者 半音-全音-半音-全音-半音-全音-半音-全音 排列)

③ **온음음계:** 모든 음이 온음 간격으로 배열된 음계.

   全音音阶: 所有音按照全音间隔排列的音阶

④ **반음음계(12음계):** 모든 음이 반음 간격으로 배열된 음계.

   半音音阶 (十二音阶)：所有音按照半音间隔排列的音阶。

실습문제
실习题

1. 오선지에 높은음자리표, 낮은음자리표, 소프라노 보표, 알토 보표, 테너 보표를 그리시오.

请在五线谱上画出高音谱号、低音谱号、女高音谱表、中音谱表和男高音谱表。

2. 아래 빈 오선보에 소프라노 보표와 알토 보표를 그리고 제시된 악보를 음자리표에 맞게 그리시오.

请在下面的空白五线谱上画出女高音谱表和中音谱表，并根据谱号写出下列的乐谱。

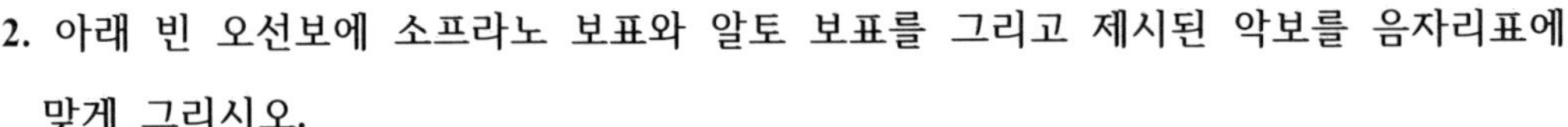

① **소프라노 보표**   女高音谱

② **알토 보표**   中音谱表

3. 주어진 음을 으뜸음으로 장음계를 만드시오.

请以下列音为主音构建大调音阶。

① 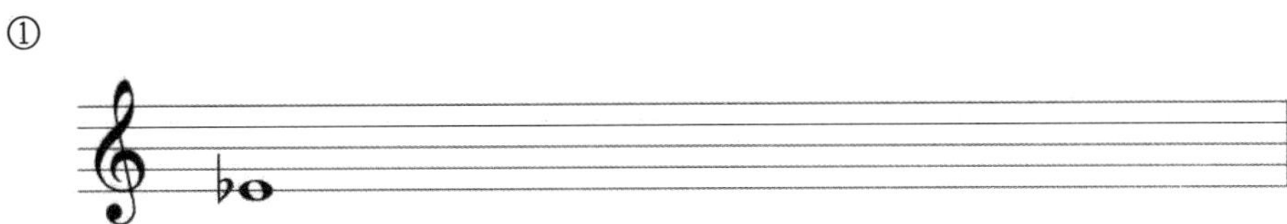

② 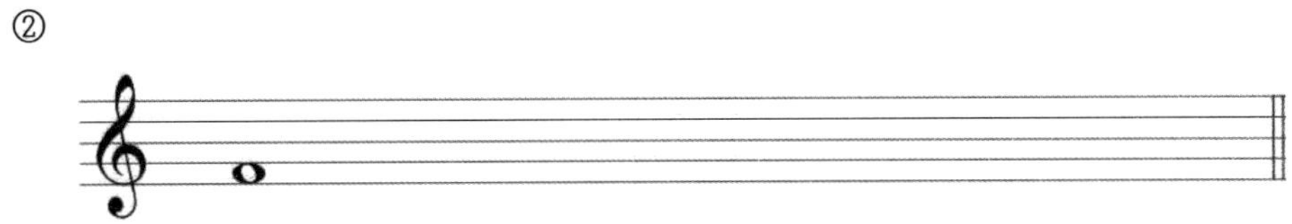

③ 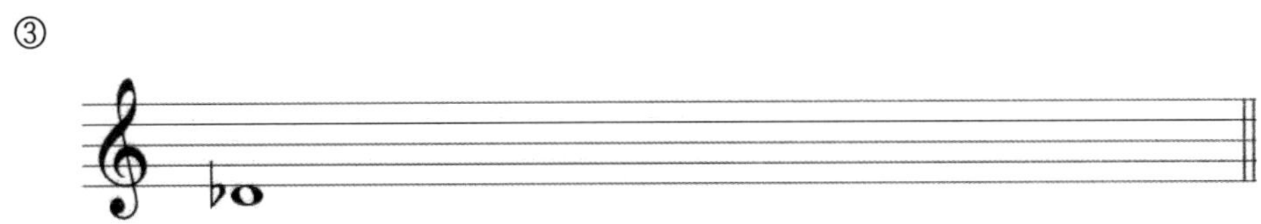

④ 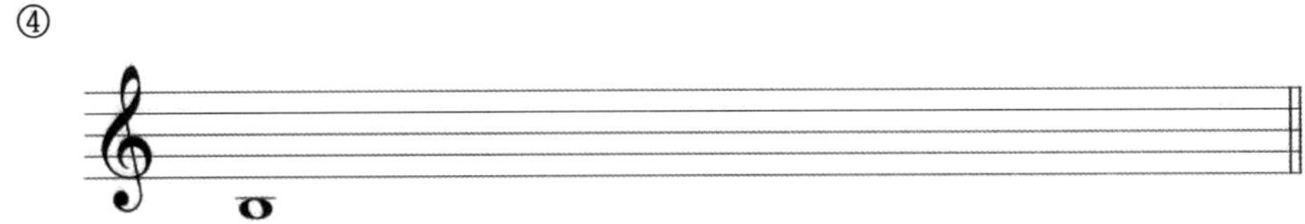

4. 주어진 음이 버금딸림음인 장음계를 만드시오.

请以下列音为下属音构建大调音阶。

① 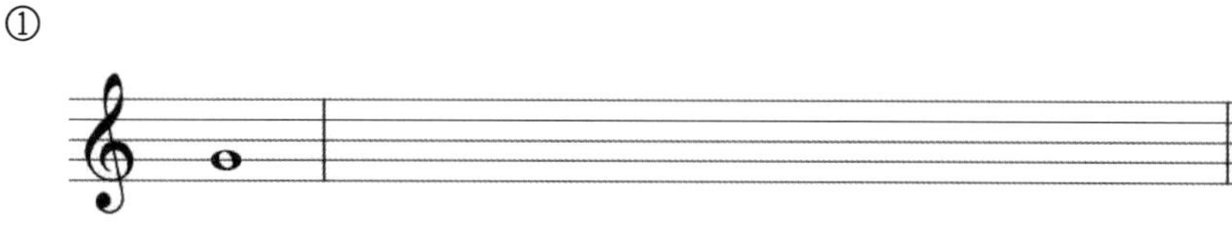

② 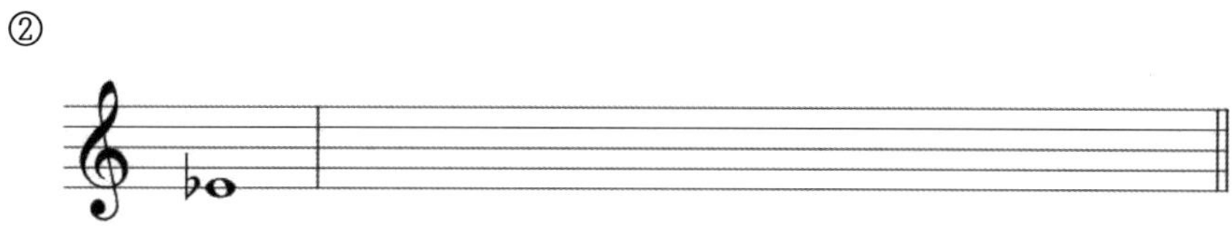

③ 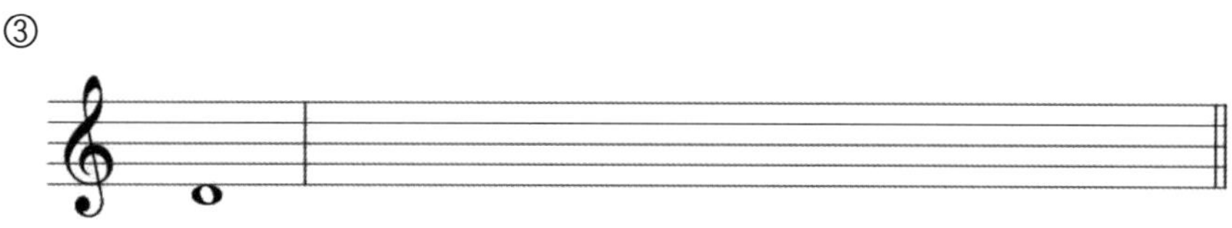

④ 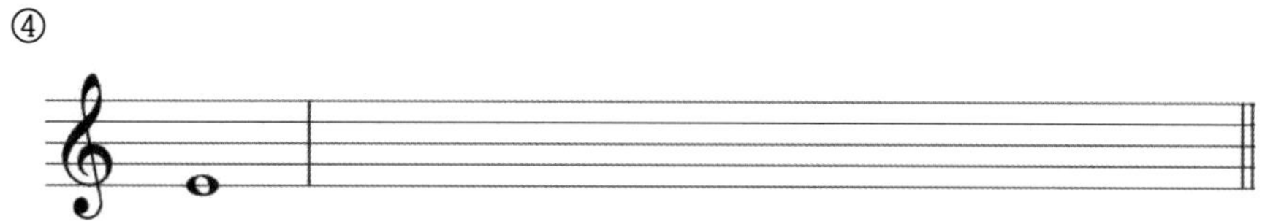

5. 주어진 음이 딸림음인 장음계를 만드시오.

请以下列音为属音构建大调音阶。

① 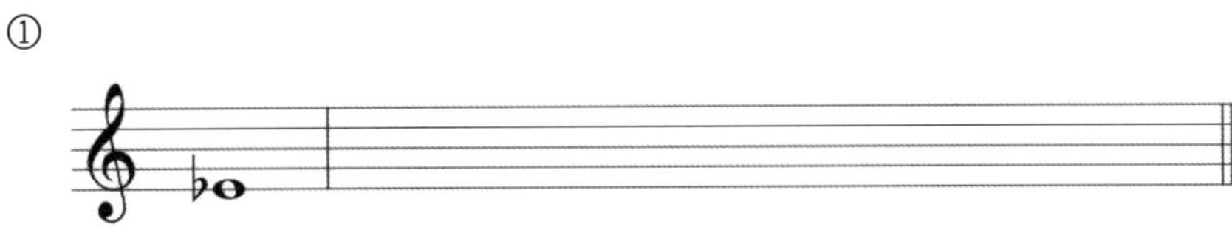

② 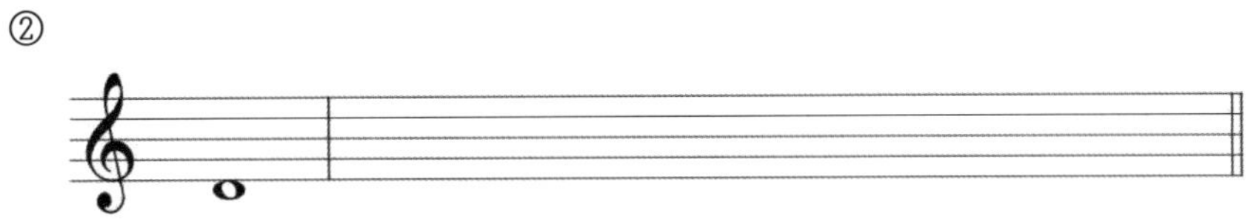

③ 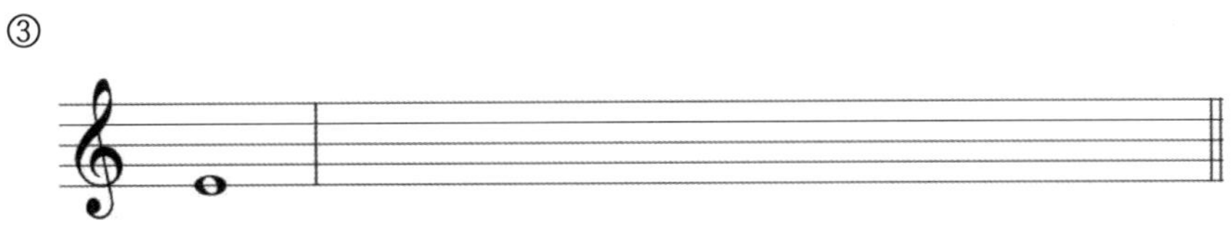

④ 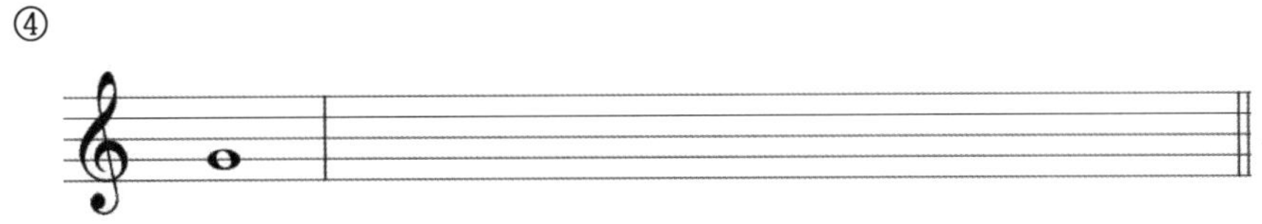

6. 알토 보표를 그리고 제시된 음계를 만드시오.

请画出中音谱表并构建所提示的音阶。

① **D** 장조

② **G** 장조

③ **B** 장조

④ **A**♭장조

⑤ **G**♭장조

7. 낮은음자리표를 그리고 제시된 음계를 만드시오.

请画出低音谱号并构建所提示的音阶。

① **c단조(화성 단음계)** 和声小调

② **b단조(선율 단음계)** 旋律小调

③ **d단조(자연 단음계)** 自然小调

④ **e단조(화성 단음계)** 和声小调

⑤ **g[#]단조(화성 단음계)** 和声小调

8. 높은음자리표를 그리고 제시된 음계를 만드시오.

请画出高音谱号并构建所提示的音阶。

① **f단조(선율 단음계)** 旋律小调

② **b♭단조(화성 단음계)** 和声小调

③ **f단조(자연 단음계)** 自然小调

④ **g단조(선율 단음계)** 旋律小调

⑤ **c♯단조(선율 단음계)** 旋律小调

9. 다음 음으로 시작하는 온음음계를 만드시오.

请以以下音为起点构建全音音阶。

①

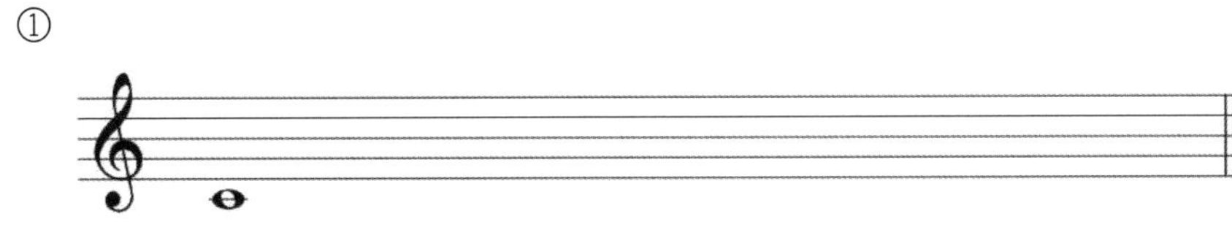

②

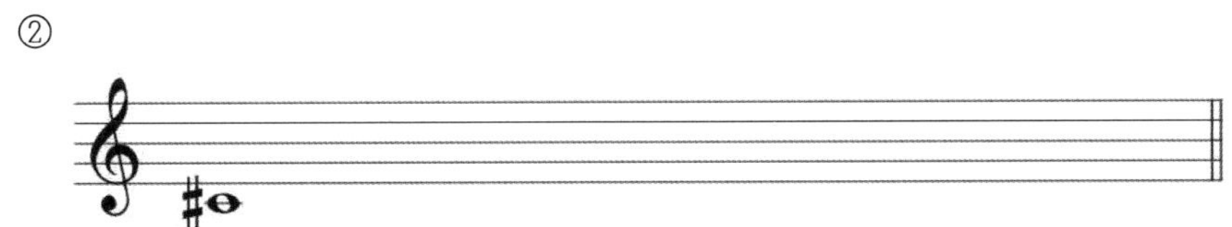

4. 조성과 조표

调性与调号

1) 조표 그리는 순서 写调号的顺序

: 파-도-솔-레-라-미-시
♭ : 시-미-라-레-솔-도-파

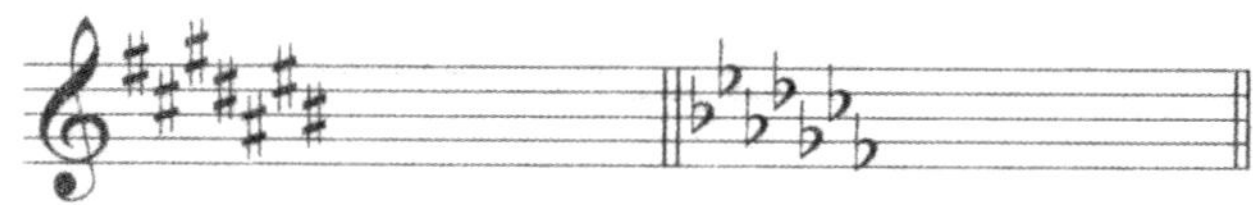

<연습2-10>

#과 ♭을 조표 그리는 순서대로 그려보시오.

请按照调号书写顺序写出升号和降号。

① #

② ♭

2) 조중심 찾기 寻找调中心

(1) ♯ : 마지막 붙은 ♯을 '시'로 읽고 '도' 찾기

♯ : 最后一个升号读作'si', 然后寻找'do'。

<연습2-11>

다음의 조표에서 조중심을 찾아 그리시오.

请在以下的调号中找出调中心并画出来。

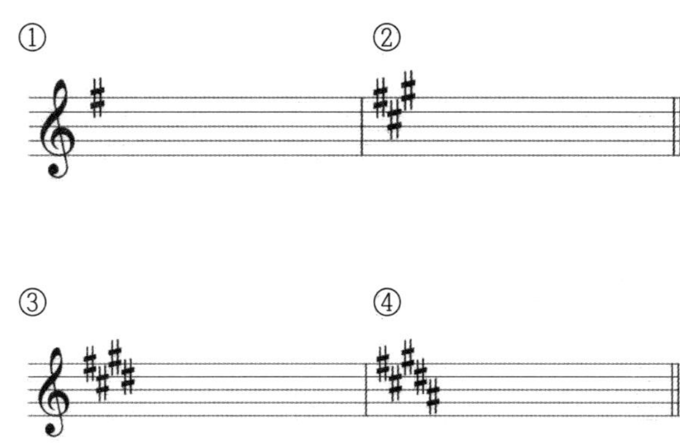

(2) ♭ : 마지막 붙은 ♭을 '파'로 읽고 '도' 찾기

♭ : 最后一个降号读作'fa'，然后找到'do'。

<연습2-12>

다음의 조표에서 조중심을 찾아 그리시오.

请在以下的调号中找出调中心并画出来。

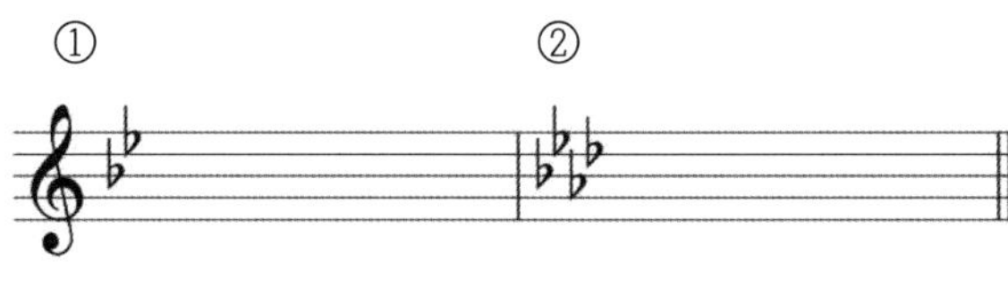

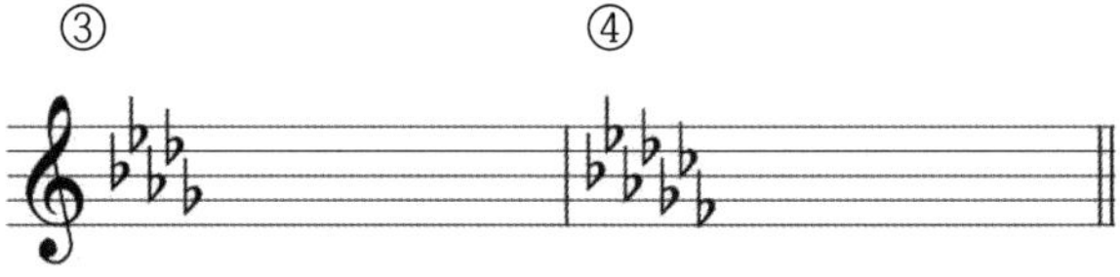

3) 관계 단조: 동일한 조표의 장조, 단조 조성 관계(단3도 관계)

关系小调：具有相同调号的大调和小调的调性关系（小三度关系）

G大调的关系小调：e小调

<연습2-13>

다음 조표의 장조 조중심을 찾고, 관계 단조의 조중심과 조성을 적으시오.

请找出以下调号的大调调中心，并写出关系小调的调中心和调性。

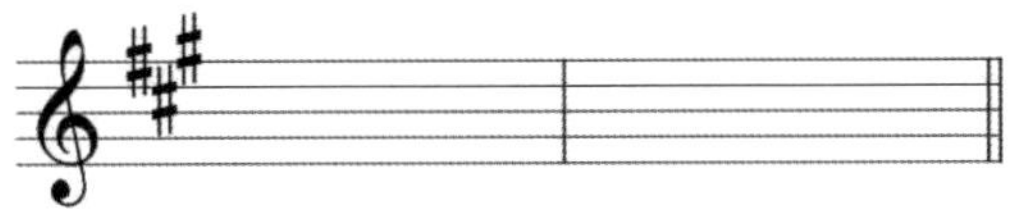

4) 같은 으뜸음조: 동일한 으뜸음을 가진 장조와 단조

同主音调：具有相同主音的大调和小调

C大调的同主音调：c小调

<연습2-14>

다음 조표의 장조 조중심을 찾고, 같은 으뜸음조의 조표와 조중심을 적으시오.

请找出以下调号的大调调中心，并写出同主音调的调号和调中心。

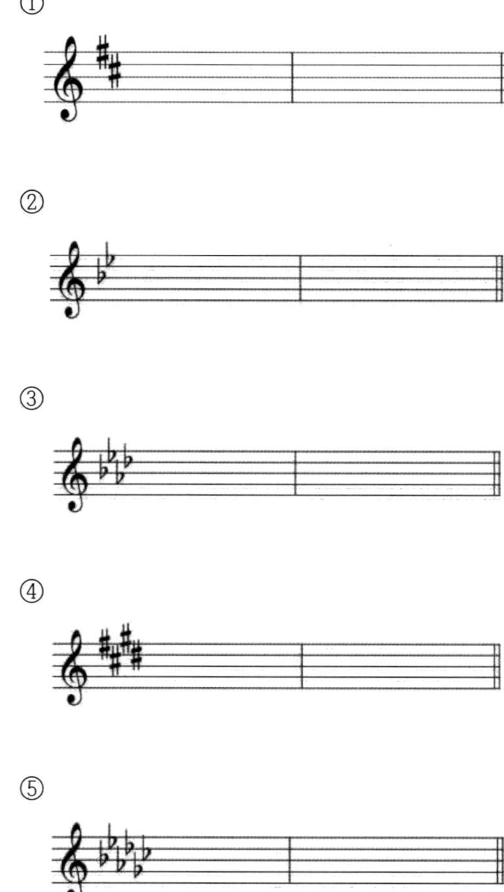

4) 조표와 조성 调号和调性

<연습2-15>

다음 조표의 장조 조성과 단조 조성을 쓰시오.

请写出以下调号对应的大调和小调。

C장조

C大调

a단조

a小调

C장조

C大调

a단조

a小调

5) 음계 내 음 명칭 音阶中的音级名称

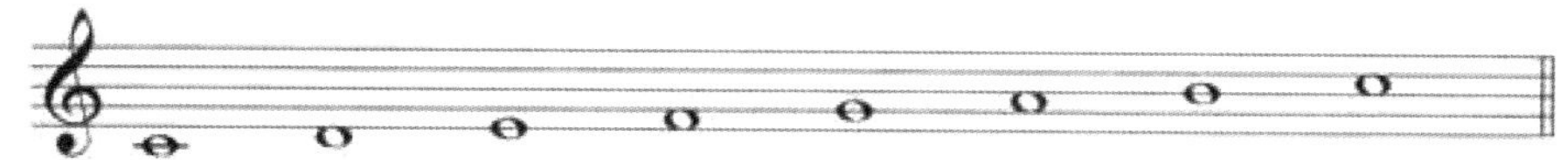

* 단조에서 $\hat{7}$은 ♭$\hat{7}$(아래으뜸음, $\hat{7}$-$\hat{8}$ 사이 온음)과 ♮$\hat{7}$(이끔음, $\hat{7}$-$\hat{8}$ 사이 반음) 두 가지로 구분된다.

在小调中，$\hat{7}$分为两种：♭$\hat{7}$(下主音，$\hat{7}$-$\hat{8}$之间为全音)和♮$\hat{7}$(导音，$\hat{7}$-$\hat{8}$之间为半音)。

6) 음도 音度

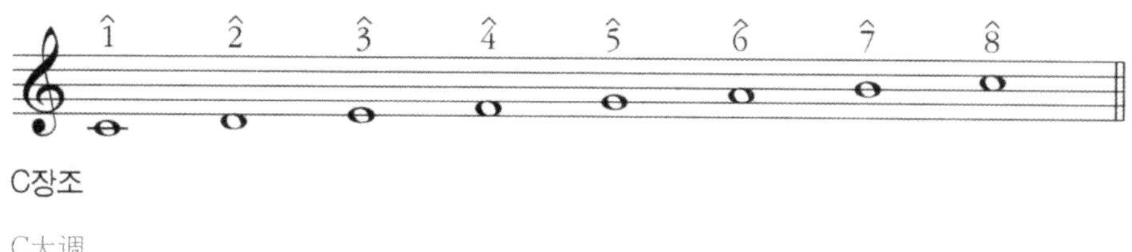

7) 으뜸음과 딸림음 主音和属音

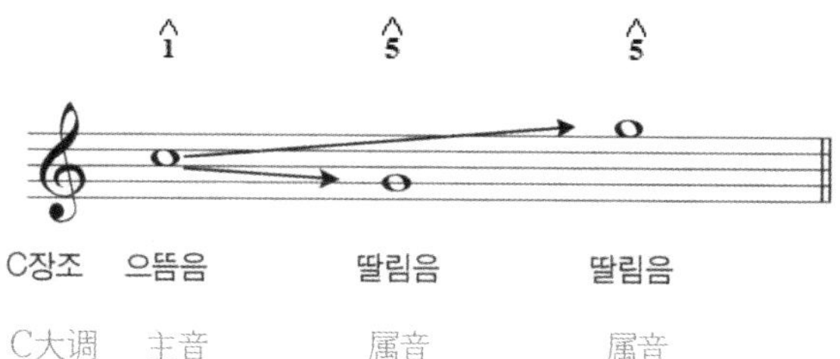

8) 이끔음 导音

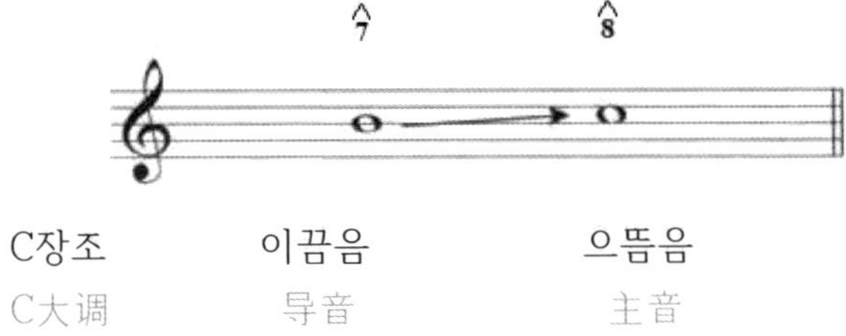

C장조   이끔음   으뜸음

C大调   导音   主音

* 이끔음은 으뜸음으로 이끌어주는 기능을 가진다.

导音具有引导至主音的功能。

<연습2-16>

아래 제시된 음을 오선지에 그리시오.

请在五线谱上画出以下提示的音。

①

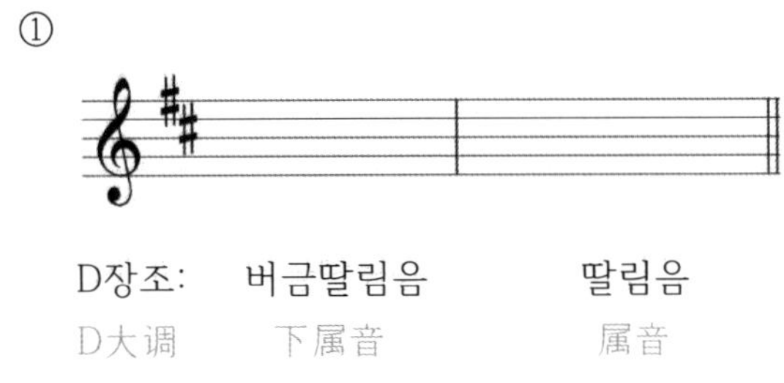

D장조: 버금딸림음   딸림음

D大调   下属音   属音

②

b단조: 딸림음   이끔음

b小调   属音   导音

* 단조에서 이끔음은 으뜸음과의 반음 관계를 위해 올림표(#)를 붙인다.

在小调中，为了使导音与主音形成半音关系，会加上升号(#)。

9) 조옮김 移调

악보를 다른 조성으로 변환하는 경우를 말한다.

指将乐谱转换为其他调性。

조옮김 移调

<연습2-17>

다음의 A장조 선율을 F장조로 조옮김 하시오.

请将以下A大调旋律移调至F大调。

Ⅲ. 화성

和声

III. 화성 和声

음악에서 두 개 이상의 음이 동시에 울릴 때 만들어지는 소리의 결합과 그 관계를 말한다. 이는 음악의 기본 요소 중 하나로, 멜로디(선율)와 리듬과 함께 음악의 구조를 구성하는 중요한 축이다.

音乐中两个以上的音同时发声时所形成的声音组合及其关系。这是音乐的基本元素之一，与旋律和节奏一起构成音乐结构的重要支柱。

1. 3화음 三和弦

1) 구성 构成

3화음은 기본음으로부터 3도와 5도 간격의 음들이 쌓인 구조이다. 가장 아래 위치한 음이 근음이고, 근음으로부터 3도 위의 음을 3음, 근음으로 부터 5도 위의 음을 5음이라고 부른다.

三和弦是由根音开始，按照3度和5度间隔叠置的结构。最下方的音是根音，根音上的3度音称为三音，根音上的5度音称为五音。

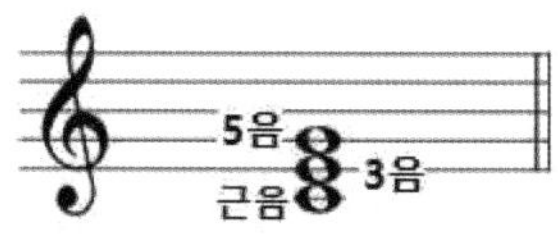

2) 종류 种类

(1) **장3화음**: 장3도 + 단3도
大三和弦: 大三度 + 小三度

C장조: Ⅰ
(대문자 표기)
大写标记

<연습3-1>

다음에 제시된 음을 근음으로 장3화음을 만드시오.

请以以下给出的音为根音构建大三和弦。

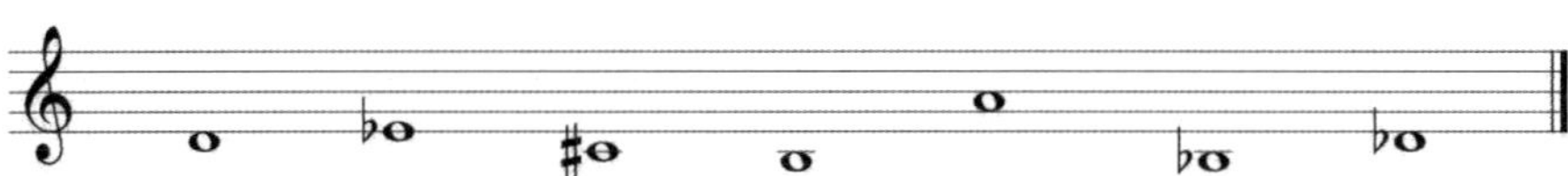

(2) **단3화음**: 단3도 + 장3도
小三和弦: 小三度 + 大三度

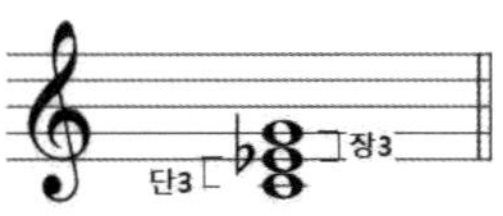

C장조: ⅰ
(소문자 표기)
小写标记

<연습3-2>

다음에 제시된 음을 근음으로 단3화음을 만드시오.

请以以下给出的音为根音构建小三和弦。

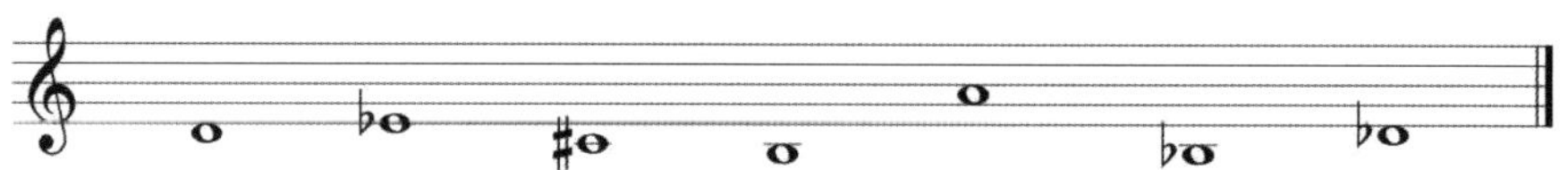

(3) **증3화음**: 장3도 + 장3도
　　增三和弦: 大三度 + 大三度

C장조:　　I⁺
(대문자⁺ 표기)
大写+标记

<연습3-3>

다음에 제시된 음을 근음으로 증3화음을 만드시오.

请以以下给出的音为根音构建增三和弦。

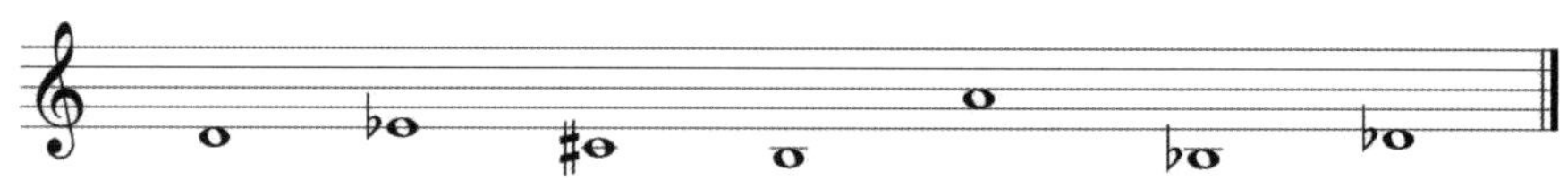

(4) **감3화음**: 단3도 + 단3도

减三和弦：小三度 + 小三度

C장조:　　　　i°

(소문자° 표기)

小写°标记

<연습3-4>

다음에 제시된 음을 근음으로 감3화음을 만드시오.

请以以下给出的音为根音构建减三和弦。

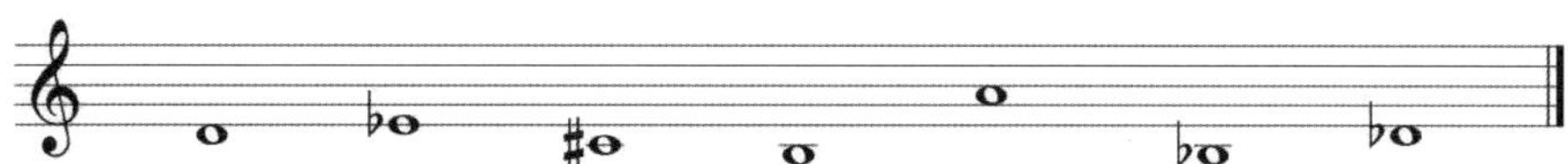

<연습3-5>

다음에 제시된 음을 근음으로 지시된 3화음을 쌓으시오.

请以以下给出的音为根音叠置指定的三和弦。

大三和弦　　減三和弦　　增三和弦　　小三和弦　　增三和弦

3) 장조에서 3화음 표기 大调中的三和弦标记

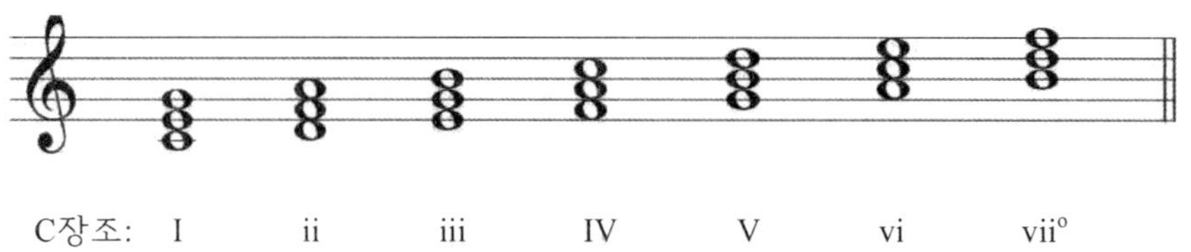

<연습3-6>

다음에 제시된 조성의 조표를 그린 후 3화음을 쌓고 그에 맞는 화성기호를 적으시오.

请先写出以下提示的调性的调号，然后叠置三和弦，并标注相应的和弦标记。

4) 단조에서 3화음 표기 小调中的三和弦标记

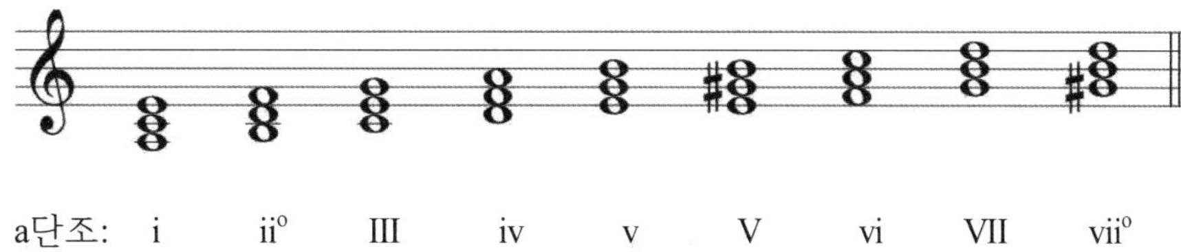

<연습3-7>

다음에 제시된 조성의 조표를 그린 후 3화음을 쌓고 그에 맞는 화성기호를 적으시오.

请先写出以下提示的调性的调号，然后叠置三和弦，并标注相应的和弦标记。

5) 3화음의 전위   三和弦的转位

<연습3-8>

1. 다음 3화음의 화성기호를 적으시오.

请写出以下三和弦的和弦标记。

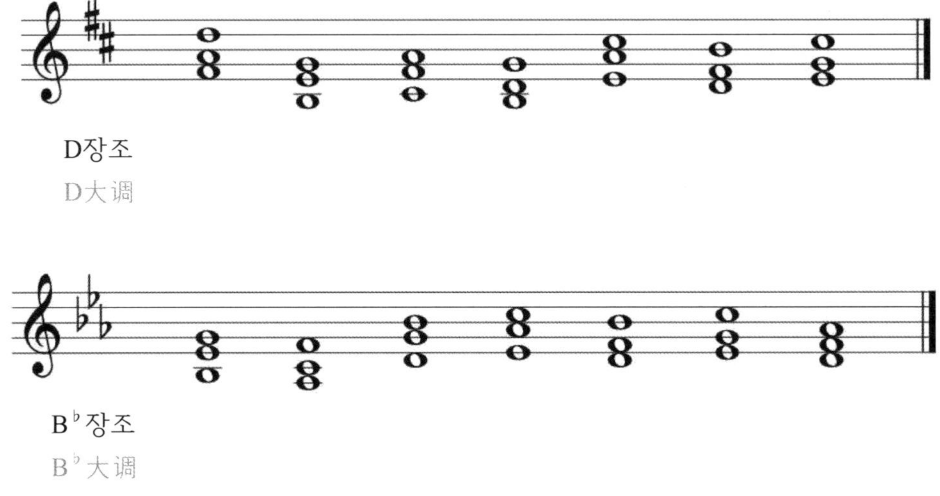

2. 다음 3화음의 화성기호를 적으시오.

请写出以下三和弦的和弦标记。

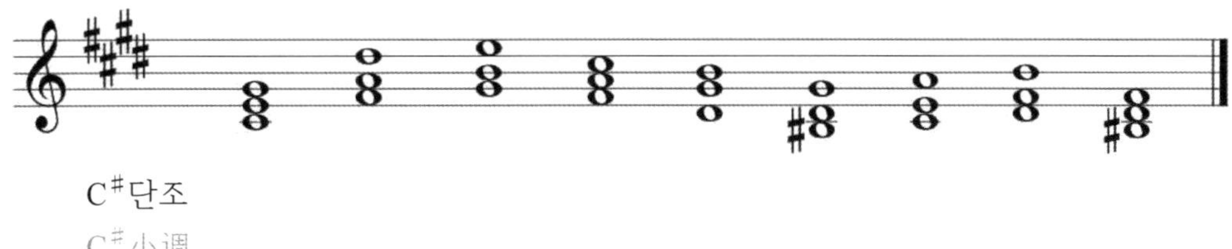

C#단조

C# 小调

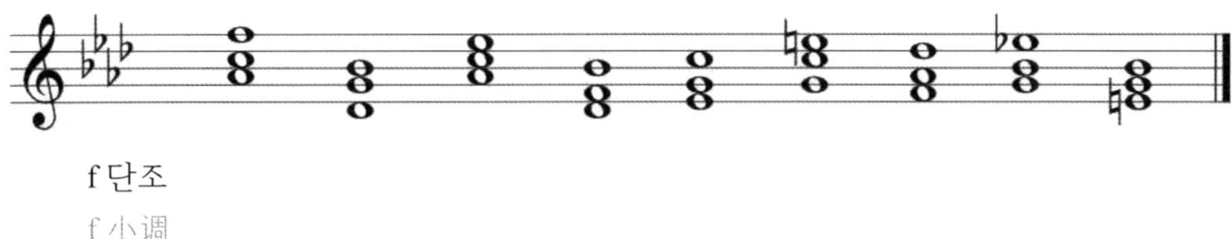

f 단조

f 小调

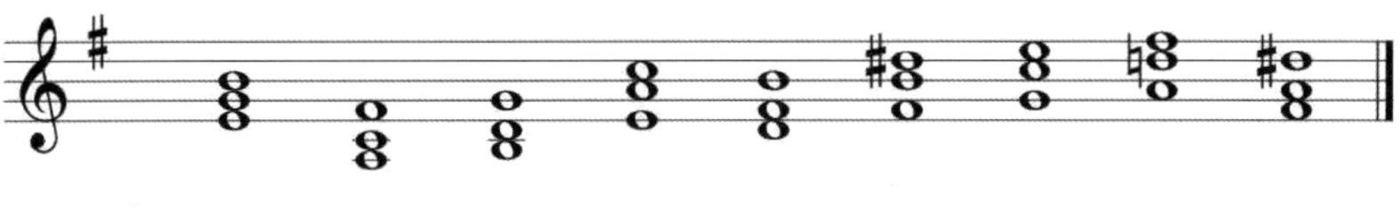

e단조

e 小调

2. 7화음 七和弦

1) 구성 构成

기본 3화음에 추가로 근음으로부터 7도 간격의 음을 더한 화음을 말한다.

指在基本三和弦的基础上，加入根音上的7度音所形成的和弦。

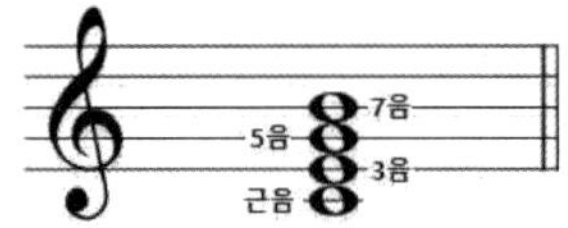

2) 종류 种类

(1) **장(장)7화음**: 장3화음 + 장3도

　　大(大)七和弦 : 大三和弦 + 大三度

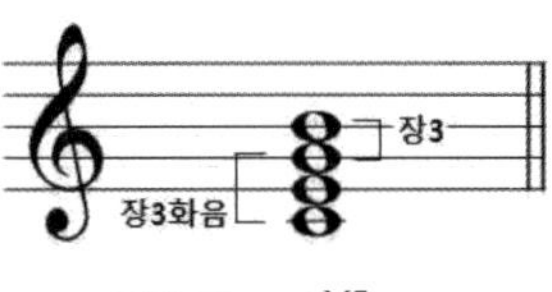

C장조: I^{M7}

<연습3-9>

다음에 제시된 음을 근음으로 장7화음을 만드시오.

请以以下给出的音为根音构建大七和弦。

(2) **단(단)7화음**: 단3화음 + 단3도
小(小)七和弦 : 小三和弦 + 小三度

C장조: i⁷

C大调

<연습3-10>

다음에 제시된 음을 근음으로 단7화음을 만드시오.

请以以下给出的音为根音构建小七和弦。

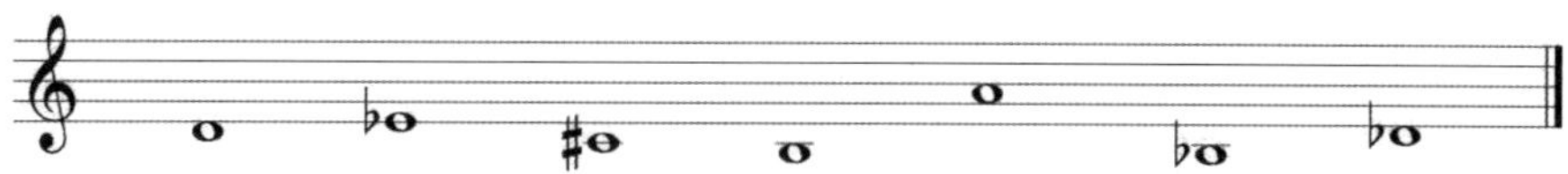

(3) **장단7화음**: 장3화음 + 단3도
大小七和弦 : 大三和弦 + 小三度

C장조: I⁷

C大调

<연습3-11>

다음에 제시된 음을 근음으로 장단7화음을 만드시오.

请以以下给出的音为根音构建大小七和弦。

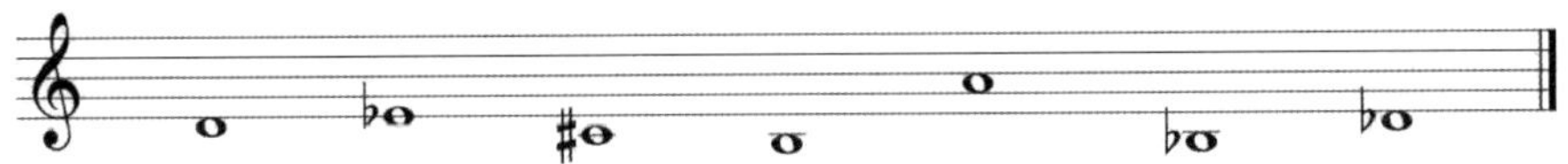

(4) **감7화음**: 감3화음 + 단3도

　减七和弦：减三和弦 + 小三度

C장조:　　　　i°7

C大调

<연습3-12>

다음에 제시된 음을 근음으로 감7화음을 만드시오.

请以以下给出的音为根音构建减七和弦。

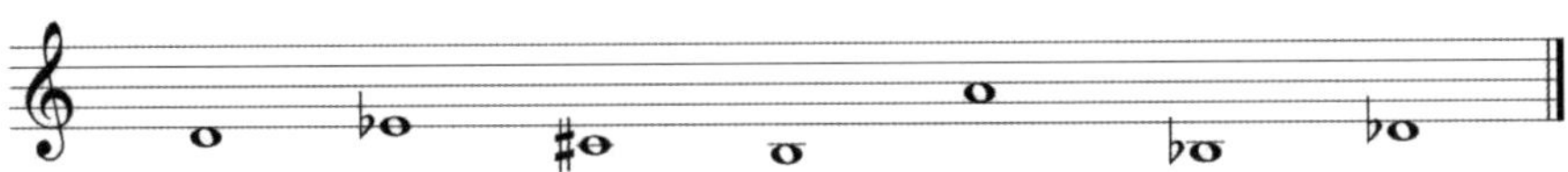

(5) **반감7화음**: 감3화음 + 장3도
半減七和弦：減三和弦 + 大三度

C장조:
C大调

<연습3-13>

다음에 제시된 음을 근음으로 반감7화음을 만드시오.

请以以下给出的音为根音构建半减七和弦。

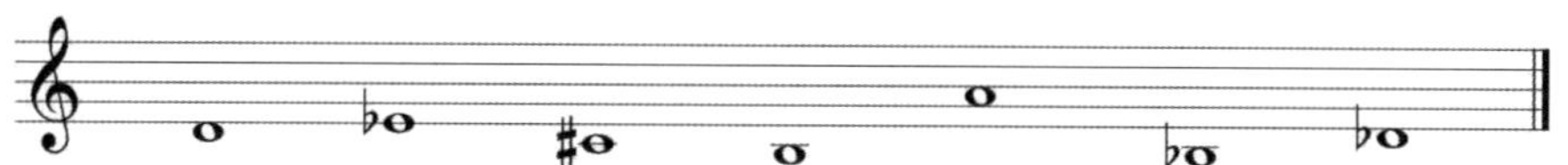

<연습3-14>

다음에 제시된 음을 근음으로 아래 명시된 7화음을 쌓으시오.

请以以下给出的音为根音叠置下面指定的七和弦。

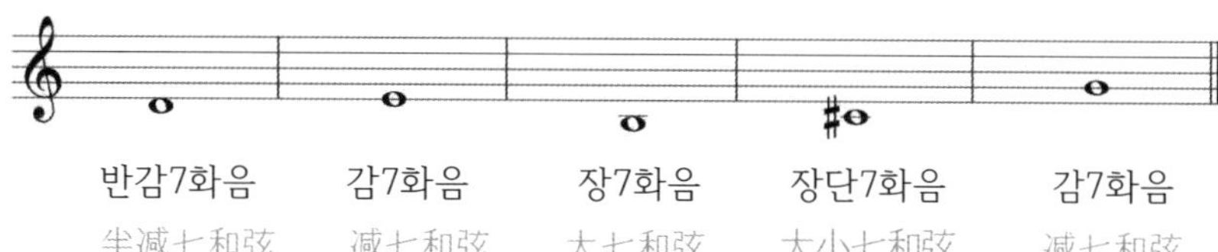

3) 장조에서의 7화음 표기 大调中的七和弦标记

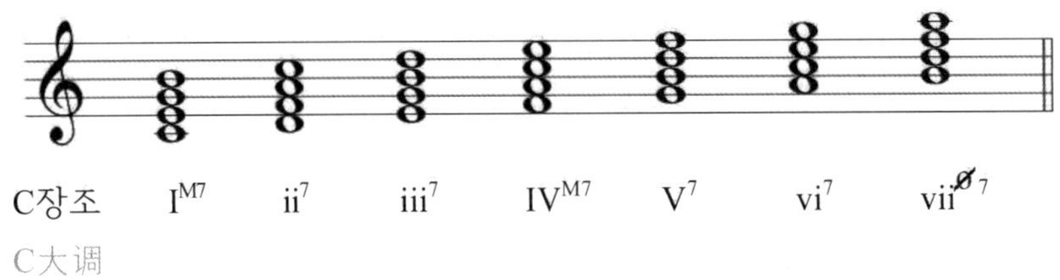

<연습3-15>

다음에 제시된 조성의 조표를 그린 후 7화음을 쌓고 그에 맞는 화성기호를 적으시오.

请先写出以下提示的调性的调号，然后叠置七和弦，并标注相应的和弦标记。

4) 단조에서의 7화음 표기 小调中的七和弦标记

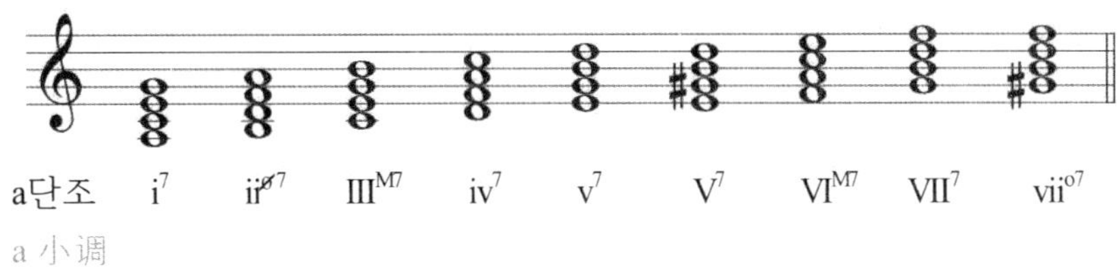

<연습3-16>

다음에 제시된 조성의 조표를 그린 후 7화음을 쌓고 그에 맞는 화성기호를 적으시오.

请先写出以下提示的调性的调号，然后叠置七和弦，并标注相应的和弦标记。

5) 7화음의 전위 七和弦的转位

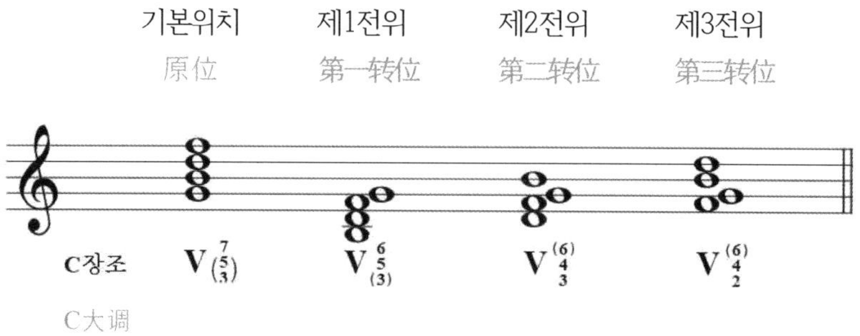

<연습3-17>

1. 다음 7화음의 화성기호를 적으시오.

请写出以下七和弦的和弦标记。

①

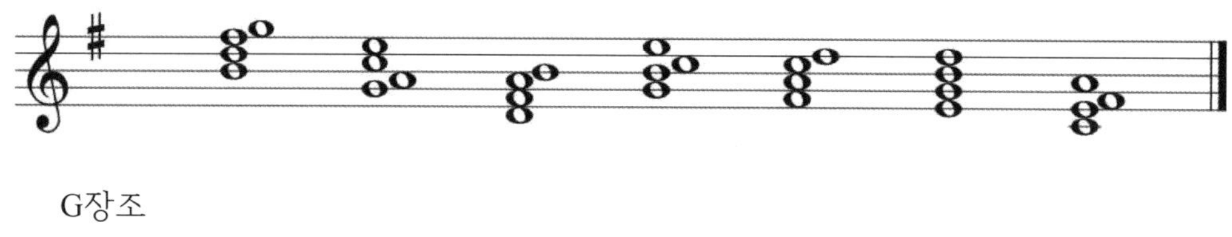

②

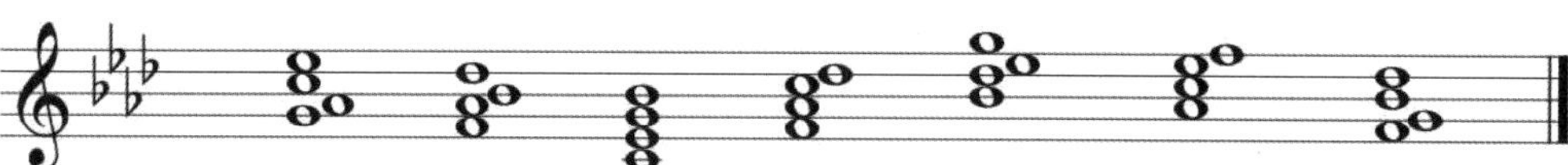

2. 다음 7화음의 화성기호를 적으시오.

请写出以下七和弦的和弦标记。

①

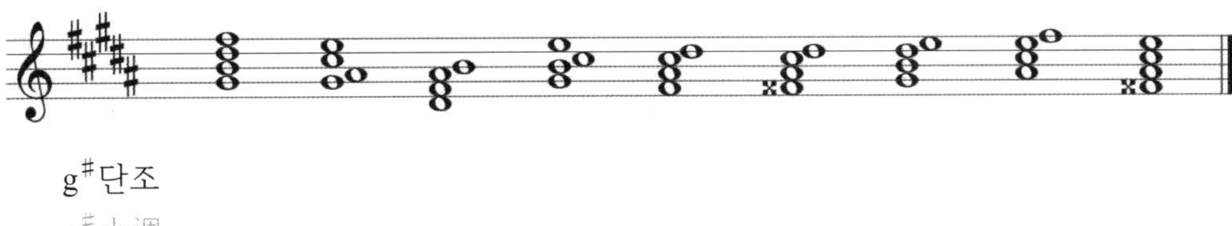

g#단조
g# 小调

②

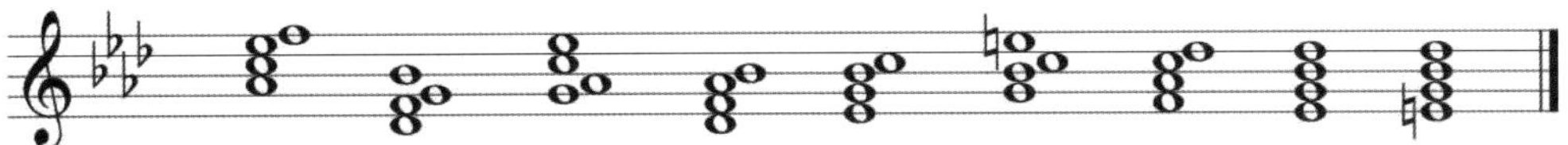

f 단조
f 小调

실습문제

实习题

1. 다음의 음을 3음으로 장3화음을 만드시오.

请以以下音为三音构建大三和弦。

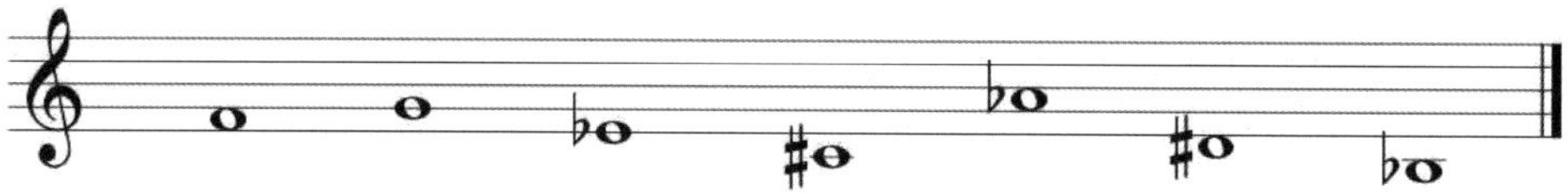

2. 다음의 음을 5음으로 단3화음을 만드시오.

请以以下音为五音构建小三和弦。

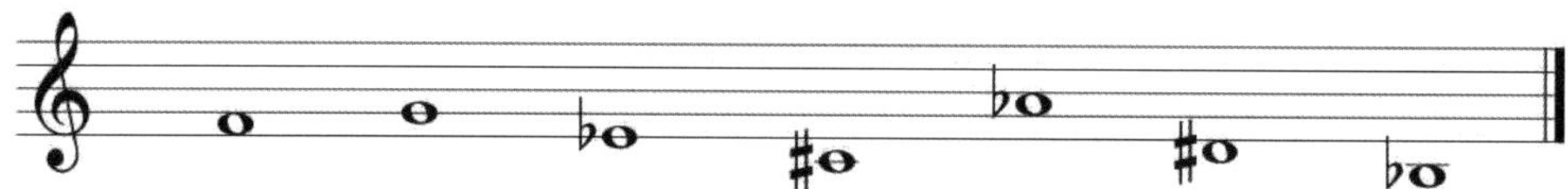

3. 다음의 음을 3음으로 증3화음을 만드시오.

请以以下音为三音构建增三和弦。

4. 다음의 음을 5음으로 감3화음을 만드시오.

请以以下音为五音构建减三和弦。

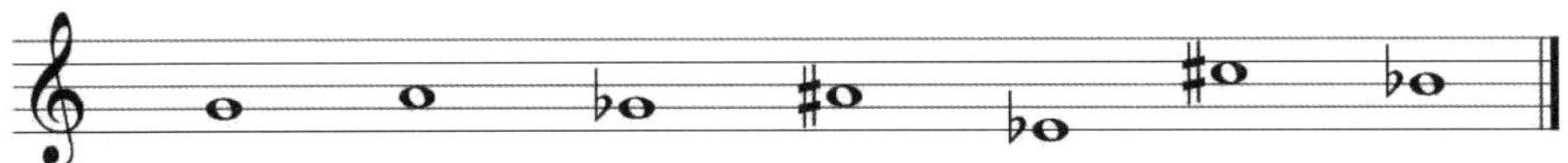

5. 다음 악보의 조성을 밝히고 화음 기호를 쓰시오.

请标明以下乐谱的调性，并写出和弦标记。

①

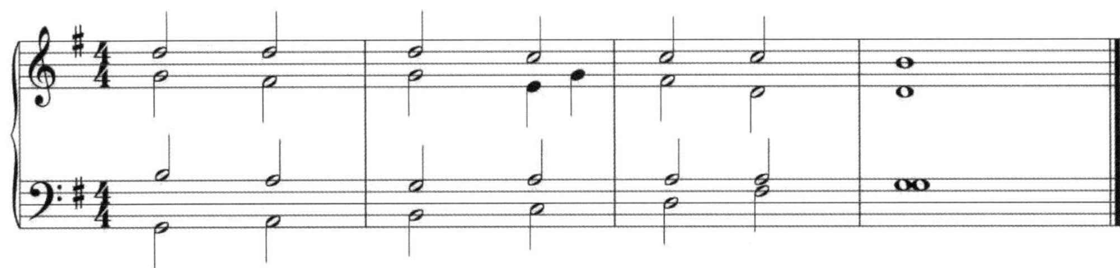

②

6. 지시된 조의 조표를 그리고 주어진 화음을 만드시오.

请写出指定调性的调号，并构建下列的和弦。

①

D: I^6 $\qquad$ B♭: $\text{IV}^\text{M}{}^6_5$ $\qquad$ A: vi^4_3 $\qquad$ d: $\text{vii}^{\text{o}7}$ $\qquad$ f♯: VII^6

②

G: I^6_4 $\qquad$ c: $\text{VI}^\text{M}{}^6_5$ $\qquad$ g: V^6_4 $\qquad$ E: iii^4_2 $\qquad$ A♭: IV^M7

③

e: $\text{vii}^{\text{o}}{}^4_3$ $\qquad$ B: V^6_5 $\qquad$ d♯: VII^4_2 $\qquad$ f: i^6_4 $\qquad$ G♭: ii^6_5

④

b♭: V^4_3 $\qquad$ g♯: $\text{vii}^{\text{o}}{}^6_5$ $\qquad$ e♭: $\text{ii}^{\varnothing}{}^6_5$ $\qquad$ b: v^6 $\qquad$ E♭: $\text{vii}^{\varnothing}{}^6_5$

IV. 종합실습문제

综合实习题

종합실습문제

综合实习题

1. 다음 괄호에 알맞은 음표를 넣으시오.

请在括号内填入适当的音符。

① ♩ + ♩ + ♩ + ♩ + ♩ = (　　　　)

② ♩ + ♩ + ♩ = (　　　　)

③ ♪ + ♪ + ♪ + ♪ + ♪ + ♪ = (　　　　)

④ ♩ + ♪ = (　　　　)

⑤ ♩ + ♪ + ♪ = (　　　　)

2. 다음 괄호에 알맞은 숫자를 넣으시오.

请在括号内填入适当的数字。

① ♪ × (　　　) = ♪

② ♪ × (　　　) = ♩.

综合实习题

3. 다음 괄호에 알맞은 쉼표를 넣으시오.

请在括号内填入适当的休止符。

① 𝄽 + 𝄾 + 𝄾 + 𝄾 + 𝄾 = (   )

② 𝄽 + 𝄽 + 𝄾 + 𝄾 + 𝄾 + 𝄾 = (   )

③ 𝄽. + 𝄾 + 𝄾 = (   )

④ 𝄽. + 𝄾 + 𝄾 + 𝄾 = (   )

⑤ 𝄾 + 𝄾 + 𝄾 + 𝄾 = (   )

⑥ 𝄾 + 𝄾 + 𝄾 = (   )

4. 다음의 리듬 선율에 알맞은 박자를 넣으시오.

请写出符合下列节奏旋律的节拍。

① 

② 

5. 주어진 조표의 장조 이름을 쓰고 으뜸음을 그리시오.

请写出下列调号的大调名称，并标出主音。

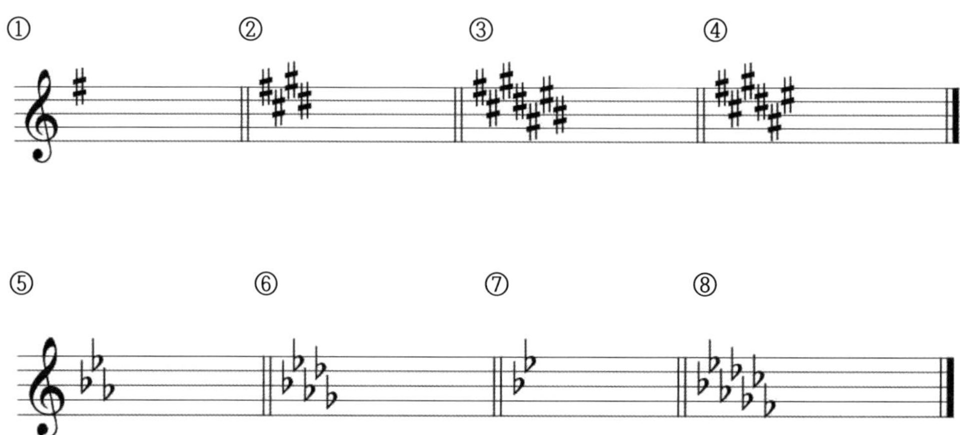

6. 주어진 조표의 단조 이름을 쓰고 으뜸음을 그리시오.

请写出下列调号的小调名称，并标出主音。

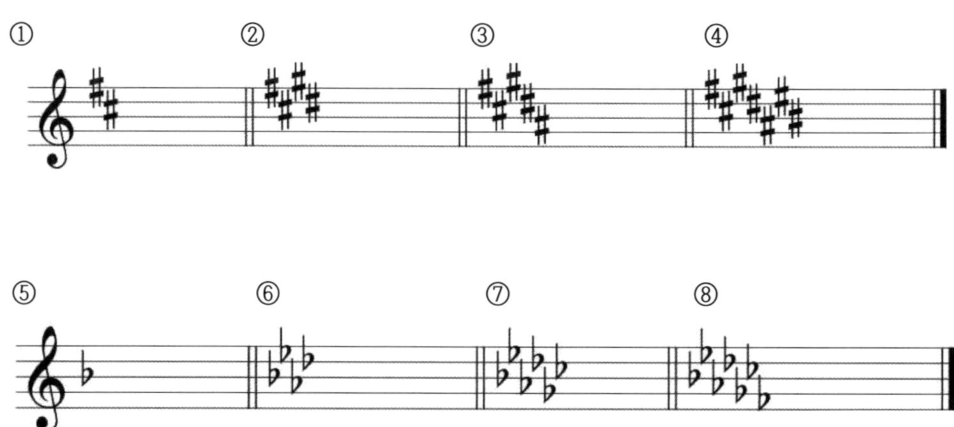

7. 아래의 음정을 쓰시오.

请写出下列的音程。

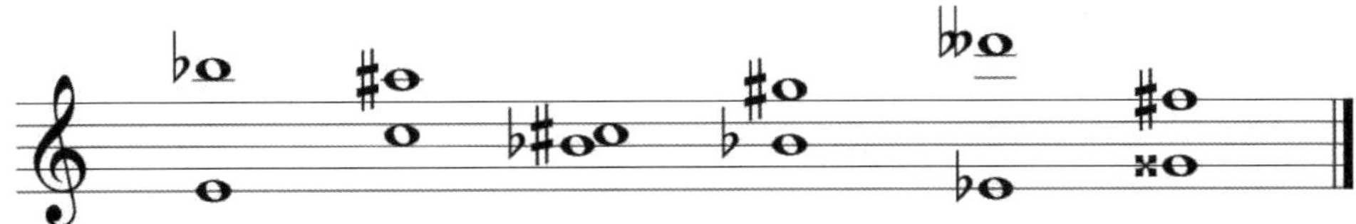

8. 다음 음계의 이름을 쓰시오.

请写出下列音阶的名称。

①

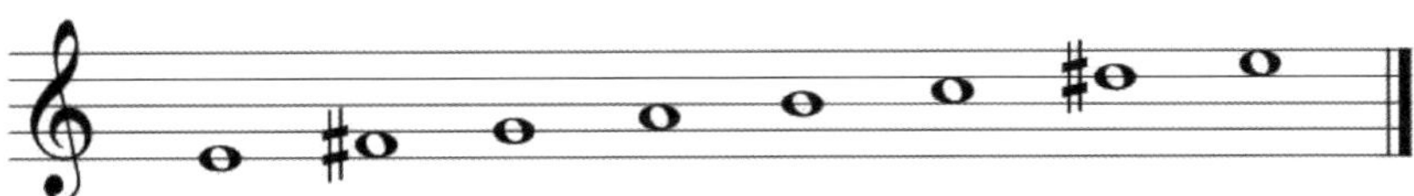

②

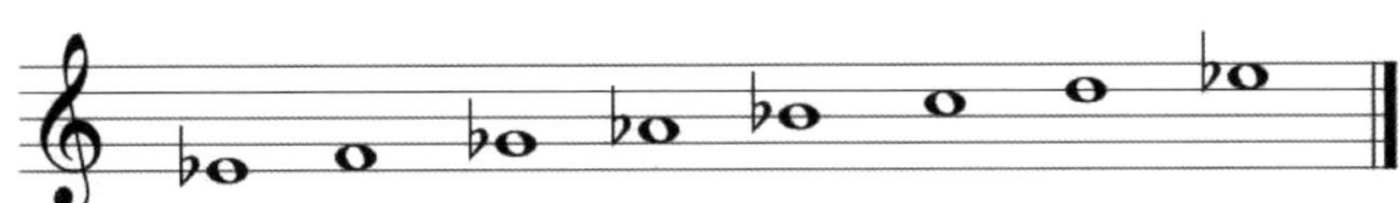

9. 다음의 음을 근음으로 주어진 3화음을 만드시오.

请以以下音为根音构建指定的三和弦。

10. 다음의 음을 3음으로 주어진 7화음을 만드시오.

请以以下音为三音构建指定的七和弦

11. 다음의 음을 5음으로 주어진 7화음을 만드시오.

请以以下音为五音构建指定的七和弦。

12. 지시된 조의 조표를 그리고 주어진 화음을 만드시오.

请写出指定调性的调号，并构建下列的和弦。

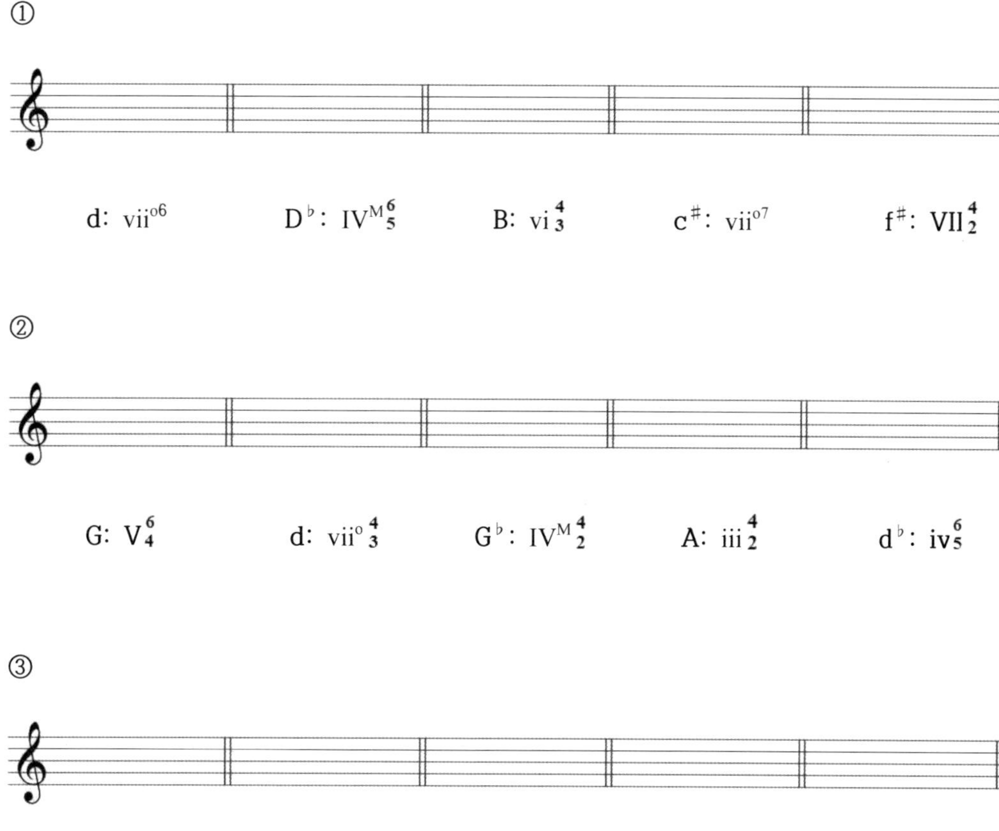

조성음악의 기초이론

초판 1쇄 인쇄 2024년 12월 30일
초판 1쇄 발행 2024년 12월 31일

지은이 김예진

편집 김해진   마케팅·지원 김혜지

펴낸곳 하움출판사   펴낸이 문현광
이메일 haum1000@naver.com   홈페이지 haum.kr

블로그 blog.naver.com/haum1000   인스타 @haum1007

ISBN 979-11-94276-84-5 (13670)